10年継続できる
士業事務所の経営術

安定運営のための48のポイント

金山 驍
社会保険労務士 金山経営労務事務所所長

合同フォレスト

はじめに

現在、以前にも増して「士業戦国時代」と言われています。

総務省によると、少子高齢化により、日本の生産年齢人口数は１９９５年をピークに減少に転じており、２０３０年には６７７３万人、２０６０年には４４１８万人にまで減少すると見込まれています。

また、中小企業白書（２０１６年版）によると、さまざまな要因が考えられますが、１９９９年以降、中小企業数は長期減少傾向で推移しています。

士業として、個人を対象にするにせよ企業を対象にするにせよ、顧客となり得る絶対数が減少してきているのです。

また、マイナンバーの普及やＡＩ（人工知能）といった技術革新に伴い、書類手続きの簡略化・省略化が進み、手続き代行、記帳代行などの仕事も減少します。そして、同業のみならず他業種も競争相手となり、競争は熾烈を極めていきます。

適切なビジョンや経営戦略なしに漫然と事務所を運営していたのでは、この「士業戦国時代」を生き残っていくのは難しい状況になっているのです。

起業してから10年後も存在する会社は、わずか5パーセント程度と言われています。中でも士業は、比較的起業が容易で安定度が高いと言われていましたが、時代や環境の変化に柔軟に対応していかなければ廃業の危機に直面するという難しい局面に入ってきています。

本書では、10年以上にわたって事務所を安定経営させてきた私自身の経験や、多くの士業者たちとの交流から得られた事例を元に、いつの時代でも変わらない、誰でも実践できる経営ノウハウを詰め込みました。

また、第6章では、各士業の方へのインタビューも掲載しております。

私は、20代前半の頃、**「金なし」「コネなし」「資格なし」「国籍（日本）なし」「職なし」「学歴なし」の「6なし」極限状態**に陥っていました。

友人たちは大学生活をエンジョイしたり、会社に就職したりして、人生を謳歌していました。一方の私は、何もない0の状態で、負の感情にまみれていました。
しかし、そこから自分の人生を改めて考え直し、藁にもすがる思いで就職先を見つけました。仕事に慣れてきた頃に、通信制の大学に通い、開業できる資格（社会保険労務士）にチャレンジしました。
26歳の時に1回で試験に合格。弱冠28歳で**起業して10年**、顧問先様や多くの方々に支えられ、現在に至っています。

何もない私でも成功できたように、要点を押さえた計画を立て、着実に踏み出せば、誰でも士業で起業し、事務所を10年以上継続させることは可能です。これから経営環境はさらに厳しくなりますが、安定して継続運営することは十分にできるのです。

そのためのポイントは、大きく3つあります。

1　人に会いに行く（人脈づくり）
2　「誰に」「何を」提供するのかを明確にする
3　小さな差別化の積み重ね

本書の要所要所に、この3つのポイントがちりばめられています。

・これから士業の資格取得を目指しているあなた
・すでに士業の資格を取得し、これから事務所開業を考えているあなた
・事務所を開業して間もないあなた
・事務所運営に悩んでいるあなた……

人の歩みは、速い人もいれば、遅い人もいて、人それぞれです。世の士業開業本には「3年で売上数千万円」や「数年で1億円」などとありますが、焦る必要はありません。一歩ずつでも着実に歩めば、事務所を10年以上続かせるという成功への道は開かれていきます。

士業の資格を取得する理由は人それぞれですが、「人の役に立ちたい」という思いは共通する部分かと思います。

勇気を出して一歩踏み出して、さらには事務所経営に成功して、これからの士業の分野を一緒に盛り上げていこうではありませんか！

私は、士業を取り巻く環境の変化に危機感を覚え、今回、筆を執らせていただきました。本書が、あなたの一度しかない士業人生を成功に導くための助力になるのであれば、こんなにうれしいことはありません。

今の日本で、士業と言われる職種は、

- 弁護士　　　　・司法書士
- 公認会計士　　・土地家屋調査士
- 行政書士　　　・海事代理士
- 弁理士　　　　・不動産鑑定士
- 社会保険労務士・中小企業診断士
- 税理士　　　　・ＦＰ技能士

などがあります。

本来、「〇〇士の先生」とすべきですが、本書では文字数などの関係で「〇〇士」と表記させていただくことをお許しください。

目次

第2章　10年続く士業の実践方法　開業初期編

第3章　10年続く士業の実践方法　顧客×人脈編

第4章　10年続く士業の実践方法　職員とブランディング編

第5章　これからの士業の未来と戦略

第6章　各士業の成功実践術（インタビュー）

第1章

士業事務所も淘汰の時代がやってきた
資格を死格としないための開業の勧め

1 継続性・確実性を確保するには？

事務所を開業したからには、できるだけ長く続けたい、多くの売上を上げたい、と思い描いていることでしょう。

事務所経営を継続するということは、「たとえ何か不具合が起きても、事務所を安定して継続できる状態にする」ということです。

そのためには、「はじめに」でもすでに触れたように、

1　人に会いに行く（人脈づくり）

2　「誰に」「何を」提供するのかを明確にする

3　小さな差別化の積み重ね

が必要になります。

10年続けて一定以上の成功を収めている事務所というのは、以上の3つのポイントを押

さえています。これは、第6章に掲載した各士業者へのインタビューでもわかったことです。そして彼らは、この3つのポイントはもちろんのこと、お客様のことを考えて、当たり前のことを愚直に続けています。その積み重ねが、継続性に繋がり、安定成長の原動力になっているのです。

継続性を確保するためのポイントが幾重にも重なっているので、廃業することはないのでしょう。

ここで、一つ質問です。

A：100万円の顧問料の顧問先1社
B：継続して1万円の月額顧問料×顧問先100社

AとB、あなたなら、どちらを選びますか？

Bの場合、仮に**1万円の顧問先が1、2社契約打ち切り**になっても、**残り98万円**があります。

Ａの場合、**１００万円の顧問料先が契約打ち切り**になった場合、**収入は一気に０**になります。

また、１００万円の顧問先は当然業務量も多いため、職員を雇用する必要があります。月の賃金が25万円の職員を２人採用したとして、毎月50万円です。社会保険料なども含めると毎月65万円程度は必要になります。

大きな契約は、即効性があり、売上もすぐに上がります。ただし、大きな契約には、それに伴うリスクが当然存在します。給与などの固定費が発生するリスクや訴訟リスク、手続き漏れなどのリスクです。


たとえ月額1万円の顧問先でも、対応をしっかり行えば、そこから紹介をいただき、新規受注に繋がる可能性があります。また、会社が成長すれば、顧問料などの増額にも繋がります。その可能性が１００社あるということになります。

１万円の顧客が獲得できたら、「やった！」と思ってください。リスクは低い上に、可能性は無限に広がるので、無理なく楽しく仕事ができます。

リスクが限りなく低くなれば、継続性・確実性は高くなり、事務所の安定経営にも繋がります。

時には大きな受注も必要ですし、チャンスがあればぜひ受けてみることをお勧めします。しかし、そのようなチャンスはめったに訪れるものではありません。

「粒々辛苦」という四字熟語が示す通り、こつこつ地道に積み重ねることで、継続性・確実性のある、盤石の経営基盤を築いていくことができます。


時流の流れから生まれる業務や助成金申請などは、即効性があり売上に繋がりやすいですが、それは一種の麻薬みたいなものだと感じています。

そのような短期的な利益を追わず、**長期的な利益**を目指すことをお勧めします。

それぞれの士業の専門分野で、不変的でどの時代にも通じるノウハウを構築できれば、事務所運営も安定することでしょう。

一気型の「**覇道**」より、コツコツ型の「**王道**」を行くことが、実は一番の近道なのです。

2 資格は、使わなければ死格
たとえ100の資格を持っていても使えなければ意味はない

Aさん「私は、100の資格を持っています」

「100の資格を持っている」と言うと、確かにインパクトは大きく、一瞬「すごい！」となります。

ただし、それだけのことです。

資格は、取得した後に生かすことができなければ、「死格」となります。取得した資格を塩漬けにしたままでは、資格ホルダーの称号はあっても、実生活には残念ながらあまり意味がありません。

私もいくつか資格を持っていますが、「社会保険労務士」の資格のみを活用し、事務所を経営しています。それも、医療系企業や韓国系企業に焦点を絞り、自分の立ち位置を

「経営マインドを持った社会保険労務士」としています。

皆さんは、資格をたくさん持っていれば、多角的に物事を見ることができると思っていませんか？　また、資格が一つだけでは不安で、多く持っていた方が成功できると思っていませんか？

例えば、「行政書士の資格だけでは、自信が持てないので、次は司法書士を目指します！　取れたら開業します」と言った人もいらっしゃいます。

資格がたくさんあれば、確かに物事を広く捉えることができるでしょう。しかし実務では、資格としての知識より、「資格を起点として行う実際の業務」が重要になります。

例えば、次の2人の社労士では、どちらがいいでしょうか？

A社労士　「医療機関の就業規則専門の社労士事務所です」

B社労士　「社労士とＦＰと行政書士、さらに宅建を持っています」

A社労士の方は、資格は一つしかありませんが、医療機関の就業規則に専門特化しているので、医療関係の方が就業規則で困ったときにパッと頭に浮かびやすいのです。

一方、B社労士は得意分野がわかりづらいため、どのようなときに依頼すればいいのかがわかりません。

「誰に」「何を」提供するのか、が最も重要な視点なのです。

B社労士は、社労士、FP、行政書士、宅建……と、確かに取り扱い業務の幅は広くなりますが、「全部使いこなせるのか？」という疑問が出てきます。答えは限りなくNOに近いと考えます。

資格取得を目指した時点で、その資格の活用方法を想像するべきです。資格を取得した時点では、次の資格を目指すのではなく、取得した資格をいかに使いこなすかを考える必要があります。

「独立する」という目標を立てるのもいいですし、「企業内〇〇士」というように企業で活躍する法律専門職も多いので、その方向を検討するのもいいでしょう。

一つの資格を取得するには、何百時間という時間がかかることがあります。そうして取得した資格を埋もらせてしまったら、その何百時間は水の泡になってしまい、貴重な人生の時間を無駄にしてしまいます。

せっかく費やした何百時間を、今後の人生の何千・何万時間のために有効に活用しましょう。

資格を最大限有効活用できるのは、ずばり**「開業」**です。雇用されるよりも、自分で事業を立ち上げた方が、資格を最大限生かすことができます。

3 良き士業の師を見つける（士業における帝王学）

「帝王学」と聞くと、「自分にはあまりにかけ離れていて縁遠い」と思われるかもしれませんが、現在の帝王学は、対「人間」の学問です。

士業においては、特に知っておく必要がある教えです。

帝王学（人間学）には、3つの柱があると言われています。

1　**王道（原理原則）を教えてもらう師を持つこと**

2　直言してもらう側近を持つこと

3　良き**顧問**（幕賓）を持つこと

特に、1について言うと、開業前に、**良き師に巡り合っておく**ことをお勧めします。良い師匠は、原理原則を教えてくれる道しるべとなるからです。

もしも道を誤りそうになったときにはアドバイスをもらい、道を正してもらうことができます。

「この人に出会えて本当に良かった」「出会ったおかげで展望が開けた」と心から思える人を師と仰いでください。

私には、開業の運命を決定づけた、士業の良き師匠が2人います。

1人は、大学院（ビジネススクール）時代の恩師で公認会計士の師匠です。

もう1人は同業者で、修業時代の社会保険労務士の師匠です。

この2人の師匠には、「士業とはどのようにあるべきか」を徹底的に叩き込まれました。公認会計士の師匠からは、妥協しない心と顧客価値の創造に関してご指導をいただき、開業への背中を押していただきました。

社会保険労務士の師匠は、何もない私を雇用してくださり、開業資金を貯金する上で必要になる給与支給をいただき、同業の成功者としての背中を見せてくれました。また、社会保険労務士の根幹である「社会保険労務士法第一条」について事あるごとに教わりました。

社会保険労務士法第一条

「第一条　この法律は、社会保険労務士の制度を定めて、その業務の適正を図り、もつて労働及び社会保険に関する法令の円滑な実施に寄与するとともに、**事業の健全な発達と労働者等の福祉の向上に資する**ことを目的とする。」（強調筆者）

会社の発展と従業員の福祉の向上は、片一方が抜けてもうまくいかず、両輪であることが特に重要なのです。

ある日、とある方から助成金の案件（複数の顧客の対応で総額８００万円の案件）を紹介されました。

当時の私の年間売上は、３００〜４００万円でしたので、２倍以上の売上になるその案件は、喉から手が出るほど欲しかったと記憶しています。

２人の師匠に確認したところ、２人とも「短期的には売上が上がるかもしれないが、即効性より継続性・確実性という原理原則から外れているからやめておけ」とアドバイスをいただきました。

私は師匠たちのアドバイスに従って、この案件を断りました。当時の私にとっては、難易度・危険度の高い案件でもあったため、断って良かったと思っています。

また、２人は師匠ではありますが、私を対等の同志として扱ってくれています。ですから、開業して10年経った今でも師匠と密に付き合っています。

さらに私は今でも、それぞれの専門分野での師匠を見つけるようにしています。

私は、開業前にたまたま良い師匠に恵まれたため、**「運が良かった」**と思っています。その運を引き寄せるのは、「出会うための努力」、すなわち、**行動する（人と会う）**しかありません。

良い師匠に出会えるかどうかが、事務所運営の成否に決定的な影響を与えると言っても過言ではありません。

私は、自分が成功することが師匠への最大の恩返しであり、いつの日か師匠を追い越すことが使命だと思っています。ですが、開業から10年経った今でもなかなか追い越せずにおります。さすが師匠たちです。

2については、間違った方向に進んでしまうときに、「間違っていますよ」と直言してくれるような人物をそばに置いておくことです。

3については、アドバイザー、メンターとして、気軽に話せる会社の経営者やコンサルタントを外部に持つことです。ロータリークラブなどの団体に所属することでも得ることができます。

4 実務の修業をする

よく「事務所開業にあたって実務経験（修業）を積んだ方がいいですか？」という質問を受けます。修業をしないで「えいや！」で開業するのも、もちろん一つの手だと思いますし、経験なしで成功している人もたくさんいます。

ただし、資格を取得したら、実務経験を積ませてくれる事務所で修業することをお勧めします。

各士業事務所では、ハローワークや求人サイトで求人募集をしています。

本書を執筆時点では、売り手市場（労働者有利）の状況です。修業を積ませてくれる事務所は比較的容易に見つかるでしょう。どの士業事務所も、人手不足で、採用に困っている場合が多いため、有資格者は大歓迎されます。採用面接の時に、「独立開業を目指しています。2、3年後を目途に考えているのですが、それでもよろしいでしょうか？」と確認しておくと良いでしょう。

〈事務所などで実務経験を積むメリット〉
①各士業の年間の仕事の流れ（スケジュール感）が把握できる
②事務所の先生（師匠）、先輩との交流ができる（長くて数年間、苦楽を共にする仲間なので、強固なネットワークができる）
③実務経験を体系的に積むことができる
④実務経験があるため、開業直後でも自信を持って顧客と接することができる
⑤実務経験があるため、顧客からの質問に調査をしなくてもすぐに回答できる場合がある
⑥いただく給与で開業資金の貯蓄ができる
⑦その事務所の集客方法を学ぶことができる場合がある（人を雇う体力のある事務所なので、いろいろと参考になることは多い）

特に④、⑤については、新規で依頼する顧客の半分程度は、実務経験を聞いてくると思って良いでしょう。そのときに、経験に裏付けされた自信を持って対応できれば、顧客

の安心感も高まり、成約率は高くなります。

開業を視野に入れて実務経験を積む場合、可能な限り業務を多く任せてくれて、適度に忙しい（忙しそうな）事務所を選ぶと良いでしょう（少人数～中規模事務所）。

私の場合、入所1カ月目から30社以上の顧問先を担当し、数百人規模の給与計算、年金コンサルティング、助成金申請、人事制度などを任され、濃密で刺激的な修業期間を過ごすことができました。そこで所属支部の同業者とのネットワークもできました。

「資格を取得したからには、何が何でも開業するぞ！」と思っていましたので、仕事は大変でもまったく苦ではありませんでした。

修業中の場合、給与は少なくなることもあるかもしれませんが、割り切って考える方が良いでしょう。

修業をしている最中に、開業準備をすることも可能です。

「今、資格を取得して、〇〇事務所で修業をしています。1年後に独立開業しますので、よろしくお願いします」と、先に知り合いに声をかけておきます。

修業中（修業期間の後半）に、「実はこういうお客さんがいるのだけど……」と知り合いから声をかけられたら、大チャンスです。事務所との兼ね合いもありますが、思い切って開業することをお勧めいたします（実は私がこのパターンでした）。

そのときは、修業を積ませていただいた事務所に極力迷惑がかからないようにし、業務を円滑に引き継ぐことと、感謝と礼節を重んじ、退職後も後任者から業務で質問がある場合は、喜んで対応することが大切です。

〈事務所で修業をするときのポイント〉

①自分が事務所を立ち上げるときのリハーサルだと思って真剣に取り組む。結果は全て自分事（他人のせいにはしない）として捉える

②開業者の下で働くので、自分が開業に向いているのか、開業してもやっていけるのかを冷静に判断できる期間と捉える

5 修業時代に開業資金を貯金する

「資金がなくて開業できない……」「貯金が0だ！」

このような事態を避けるために、事務所で修業をしているときには、いただいている給与を貯金して開業資金に回します。

前述した通り、修業時代の給与の金額は割り切って考えた方が良いでしょう。

もちろん、想定より多くいただけた場合は、その分を開業資金の貯蓄に回します。

〈修業時代の貯蓄シミュレーション〉

22万円の給与と仮定し、

社会保険料（健康保険、厚生年金保険、雇用保険）、所得税を差し引いて、**18万円**程度手元に残ります。

生活費は、

- 家賃：6万円（都内、築30年程度の1K、ユニットバストイレあり）

・水道光熱費：1万5千円
・携帯電話代：5千円
・食費：3万円　に抑えた場合、
月に6～7万円程度貯金ができます。切り詰めればもっと貯金することが可能です。
2年で、140～170万円程度貯金することが可能です。

私は、修業を積ませていただいた事務所の師匠から、会うたびに、「よく少ない給与から貯金して開業資金を捻出したね」とお褒めの言葉をいただきます。育児休業の代替要員で事務所に潜り込んで修業をしたため、給与は他の職員よりも低く、他の職員がもらっていた賞与もなかったため、短期決戦で貯金をし、開業の準備をしていました。

開業資金は、開業1年の売上が0と想定しても、200万円強～300万円程度あれば、融資と合わせて十分な資金が確保できます。
融資は、日本政策金融公庫の創業融資（新創業融資制度）などを検討することになりますが、要件がいくつかありますので（要件によっては受給できない場合もあり）、事前にチェックしておきましょう。

事務所開業時の必要経費

- 所属士業の会費
- 事務所家賃（レンタルオフィスなど）：5万円程度
- パソコン、プリンターなどの複合機：どちらも数万円で購入可能
- 接待交際費：1～2万円／月
- 通勤交通費、業務交通費
- 広告宣伝費（ウェブサイト作成・運用など）　など

1年踏ん張ってみて、2年耐え忍び、芽が出ない場合は、撤退の勇気も必要です。可能な限り撤退のリスクを抑えるためにも、大事務所よりも小・中規模の事務所で修業を積み、そのときに成功の可能性を高め、しっかりと開業のタイミングを見極めてから行動しましょう。

6 修業～開業時代は、無理をしてでも人脈を広げる

開業して成功する確率を高めるためには、実務の修業時代から人脈を広げることが重要です。実務の修業時代には、次のような人脈を広げることができます。

①事務所の師匠、所属支部の人脈（同業者）のネットワーク

開業後の同業者との情報交換は、事務所運営をする上で、重要な道しるべになります。同業の仲間がいないまま開業するのは、海図もなしに激流の大海に飛び出すのと一緒で、開業後の成長のスピードも違います。また、初期に勉強会などを立ち上げるためにもこの人脈は必要です。そして、事務所の師匠との交流は、何物にも代えがたい財産です。困ったときに適切なアドバイスをもらえます。

②小・中・高・大学・大学院時代の同窓というネットワーク

同窓生に起業している人がいる場合、その中には士業取得者がいることもあります。そ

んな同窓のネットワークから、見込み客が紹介されたり、もしくは有用なアドバイスがもらえるチャンスがあります。

「交流がなかったのに今更話せない、恥ずかしいよ……」という見栄やプライドは捨て、勇気を出して、電話や年賀状を送ることからスタートしてみましょう。

③親族経由というネットワーク

親族は一番信頼できる人脈です。積極的に声をかけていきましょう。結婚している場合は、配偶者の親戚にも勇気を出して声をかけてみましょう。

④士業者同士の勉強会、ビジネススクール、団体、セミナーなどへの参加

勉強会やセミナーに参加することで、士業者同士の新たなネットワークができます。土・日や事務所終了後の時間帯に開催する会に参加しましょう。業務で疲れているからといってこの投資を怠ってはいけません。最初は他人同士ですが、自分の価値観や方向性と合う人がいたら一緒に食事をし、親交を深めましょう。

以上の４つのネットワークを活用することで、かなりの人脈を構築できます。

そして、修業時代に構築した人脈を、開業初期の行動に落とし込んでいくのです。**考えるだけではなく、必ず行動してください**。

行動とは、すなわち「**人に会いに行く**」ということです。私の場合、日々新しい人に会うように心掛けています。

1カ月前に行動スケジュールを組み、翌月にはアポイントで予定をいっぱいにします。人に会いに行くには、その人が喜ぶ情報、手土産を持参して戦略的に会いに行きます。何の考えもなしにただ単に雑談をしに行くのはＮＧです。

このときに育んだ人脈の芽が、開業から3年経った頃に花開いてくると思って行動してみてください。

7 士業で生き残っていくために本当は必要なこと

「士業で生き残っていくために**本当は必要なこと**」とは何でしょうか。

実際のところ、日々の仕事や雑務に追われて、生き残っていくのに必要な部分に十分な力を注ぎ込めないことが多くあります。しかし、それではいけません。

わかりやすいように縦軸に重要度、横軸に緊急度を示したマトリックス表を見てみましょう（図表1－7）。

ここでは、4つのカテゴリーに区分されます。

①重要でかつ緊急
②重要だが緊急ではない
③重要ではないが緊急
④重要でも緊急でもない

図表1-7　マトリックス表

←緊急度　↑重要度

	緊　急	緊急ではない
重要	① ・日常の顧客対応 ・クレーム対応 ・重要プロジェクト ・自然災害、人身事故、病気 ・重要なメール ・締切直前の仕事	② ・人脈づくり（人と会う） ・人と会う段取り ・師匠との交流 ・専門の勉強会の開催 ・同業者との交流 ・近接士業との交流 ・職員の育成 ・職員とのコミュニケーション ・既存顧客のフォロー ・健康管理 ・未来への投資
重要ではない	③ ・急な接待 ・突然の飲み会 ・突然の来客対応 ・重要でない会議 ・重要でない報告書作成	④ ・探し物 ・愚痴 ・だらだらした電話 ・無意味な会議 ・無意味なメール対応 ・暇つぶし

ついつい、日々の仕事に追われ、**重要だが緊急ではないこと**について、疎かにしてしまいます。

士業の業務は、緊急で重要な、訴訟や急ぎの資料作成、登記書類の作成、労働基準監督署の対応、提出期限の決まっている税務書類などが多いと言えます。

①と③の業務に忙殺され、あっという間に1週間が過ぎ去る……といったことは往々にしてあることです。

本来は、②の**重要だが緊急ではないこと**に、もっと時間を割く必要があります。経営に成功している士業は、ここに時間を割いて行動しています。

例えば、HP（ホームページ）を持たない友人のS社労士は、人脈形成に時間を割いており、上場企業を含む多くのクライアントを抱えて事務所経営に成功しています。A弁護士もHPを持ちませんが、多くの職員を抱える事務所を経営する若手弁護士です。また、T税理士は自分は重要な案件のみの決断を下して他の業務はせず、②の領域に特化し、事務所を経営しています。

③は、徐々に権限委譲して職員に任せることも必要です。

④に1日がかりで時間を費やしてしまうことも往々にしてあります。

②に時間を割くため、④をカットしていく必要があります。

経営者（経営者予定）のあなたは、重要でも緊急でもないこと、重要ではないが緊急なことを極力排除し、重要だが緊急ではないことに時間と労力を割いて行動する必要があるのです。面倒ではありますが、意識的に取り組むことで数年後の成果が違ってきます。**資**

格で食べて生き残っていくために、常に意識して取り組んでください。

私も考えてみれば、開業1~3年の間は、顧問数の伸び率が一番高かったと思います。それは、仕事が全体的に少なかったので、重要だが緊急ではないこと、すなわち人脈形成や既存顧客のフォローに時間を使うことができていたからです。

第2章

10年続く士業の実践方法　開業初期編

1 士業事務所には経営理念が必要

「経営理念」とは何でしょうか？　簡単に説明すると、「経営理念＝事務所の（社会的）**存在意義**」のことです。

この事務所は「何のために存在しているのか？」、それを明文化したのが「経営理念」です。

「経営理念があっても生き残っていけないよ！」という読者のあなたの声が聞こえてきそうです。逆に、経営理念がなくても事務所の運営はできるでしょう。

士業事務所の所長になったら、規模の差はあれ、一国一城の主で立派な経営者です。開業して経営者となったら、いつか必ず「終わり（引退）」が訪れます。まさに人生と同じです。

そのときに、そのまま廃業するのか、事業譲渡・売却するのか、子どもや職員に事務所を継がせるのか、選択を迫られます。

事務所の存続となったときに、しっかりとした経営理念があれば、自分がいなくなっても事務所の魂（思い）を引き継ぐことができます。

また、経営理念があることで、所長以外の職員のベクトルを同じ方向に合わせることもできます。すなわち、経営理念とは、事務所全体の「共通の目標」です。

「不易流行」という言葉があります。

「不易」とは、変わらない普遍を意味し、経営理念がそれにあたります。

「流行」とは、新しいものを求め、時代に即した対応をすることで、経営方針や運営方針がそれにあたります。

つまり、経営の根幹として「不易」の経営理念があり、時代に合わせて柔軟に変化していくものとして「流行」の経営方針や運営方針があるのです。

経営理念を体現するのは、経営者だけではなく、事務所の職員全てです。「経営理念なくして事務所の発展、存続はない」と断言してもいいでしょう。

経営理念を職員や社会に広く浸透させるには、

- 明文化し、ＨＰに掲載する（内外に公表する）
- 入社時に職員に手渡す
- 職員に対し経営理念勉強会を開く

などの方法があります。

経営理念をＨＰに掲載することで、その内容に共感する人が応募してくれる可能性があります。応募者が採用面接時に「経営理念を見ました！」という話をしてくれたり、履歴書に事務所の経営理念についての共感部分を記載してくれたり、さまざまな反応がありま す。

また、入社時に経営理念を職員に手渡すことで、経営理念の周知徹底を図り、行動に落とし込むことができます。手帳や冊子にして携帯可能にすればなお良いでしょう。手渡すだけではダメで、少なくとも15分は説明するようにしましょう。

〈当事務所の経営理念〉

労務・経営の視点から中小企業を全力でサポートし、中小企業の発展に寄与します。

当事務所の経営理念には3つの要素が含まれています。

「労務・経営の視点から」の労務とは、社会保険労務士としての職業専門家からの立場から、経営とは、実践的な経営大学院で培ったMBAスキルの側面から企業経営をサポートすることです。

「全力でサポート」とは、そのとき・その場で自分（当事務所）の持てる力を全て出し切る気持ちで業務に取り組むことです。

「中小企業の発展」には、中小企業のままで終わることなくさらなる成長を共に目指したい、という希望を込めております。

経営理念に基づき、同じ方向を向いて職員が行動し、関与先の中小企業の発展に少しでも助力できるのであれば、こんなにうれしいことはありません。

2 先生業だがプライドは捨て、腰を低くする

士業者は、資格を取得した時点で、自分を守る「殻」(=資格)が出来上がります。

その殻が自分を覆っているせいで、プライドが高くなり、尊大な態度を取ったりする場合があります。

専門職や専門家ゆえに、

- プライドが高く、失敗しても謝ることができない
- プライドが高く、「できません」の一言が言えない
- プライドが高く、上から目線で物を言いがちである
- プライドが高く、「お願いします」が言えない

例えば、仕事でミスが発覚した場合、どのように対応するでしょうか。

私の事務所の一例ですが、事実確認をした上で、こちら側に非がある場合は、いの一番

に先方に謝罪をします。謝罪をした上で、対応策を早急に練り直します。最初の提案からずれていても、お客様の最終的なメリットを考え行動するのです。当初の発言と違い、**朝令暮改**であっても構いません。

プライドが高いと、最初の意見を柔軟に変更することができません。しかし、それではいけません。ミスの許されない士業だからこそ、ミスが発覚したときには、スピーディーに動いて火を消す必要があるのです。

「プライドを捨てる」と言っても、「職業人としてのプライドを全て捨てる」という意味ではありません。媚びへつらって迎合していては、士業としての根幹が失われてしまいます。**謙虚**になるべきときに謙虚になり、プライドを持って仕事をするべきときにはそのように振る舞う必要があるのです。

私は経験上から、自ら進んで、**慣れないフィールド**（勉強会や発表会、ゴルフなど）に首を突っ込み、赤っ恥をかくようにしています。

その経験が謙虚さを生み出し、無用なプライドを削ぎ落としてくれるからです。

江戸時代、武士が、百姓や町人より高い身分とされていました。士業はサムライ業とも言われ、武士のように身分の高いイメージがあるのかもしれません。

しかし、士業は、対「人」と接する仕事です。プライドが高く、威圧的な態度では、見込み客も逃げていきます。

まずは、謙虚さ、話しやすさを醸成し、お客様に寄り添ったコミュニケーションを心掛けてみてください。

プライドが邪魔してなかなか言えないかもしれませんが、契約をしてくれたお客様には、一言、「当事務所に興味を持ってくれるお客様がいましたら、ご紹介いただけませんか?」と勇気を出して聞いてみてください。すぐに成果は出なくても、必ずや成功への第一歩になるはずです。

3 開業場所は無理してでも借りる

開業し、一国一城の主になったのであれば、自分の「城（事務所）」を持つことは、いわばケジメ（事務所を成長させるんだ！という心構え）をつけるようなものです。

それだけではなく、現在は以前にも増して個人情報などの取り扱いが厳格に求められています。自宅開業の場合は、顧客に厳しく判断されるでしょう（万が一漏洩があったときのリスクもあります）。

事務所を借りると、費用がかかるというデメリットがありますが、この投資ができなければ事務所の成長は始まりません。

第6章で取り上げる弁理士の山田強先生は、初めから駅前に事務所を借りて、不退転の決意で開業されました。駅前に事務所があるということは、他の事務所との差別化の一つの要因にもなります。

開業場所を借りるメリットとデメリット、および検討ポイントは次の通りです。

〈開業場所を借りるメリット〉

- 私用と仕事のメリハリがつく
- 対外的な信用度が増す
- 士業は、機密情報を扱うため、情報管理の徹底が可能となる
- 来客時に会議室などでしっかりともてなすことができる
- しっかりとした職場環境を提供できるため、職員の採用に有利になる

〈開業場所を借りるデメリット〉

- 賃貸費用（ランニングコスト）がかかる
- 通勤時間がかかる
- 通勤交通費がかかる

〈借りる場合の検討ポイント〉

- 費用
- 立地

・利便性（移動手段）

開業場所の賃貸費用をなるべく抑えたい場合は、レンタルオフィスを契約するというのも一つの手段です。その場合は、単に住所だけを借りるというのではなく、狭くても作業できるスペースも一緒に借ります。

レンタルオフィスは、机や椅子、インターネット環境がすでに整っていますので、賃貸で契約するより楽な部分も多いですが、さまざまな制約がありますので、一長一短です。

レンタルオフィスの場合、大手警備会社と契約し、セキュリティがしっかりしているかどうかも確認してください。個人情報やマイナンバー、年金番号などを預かる仕事の場合は特に重要です。

立地は、特にこだわる必要はありません。

地名のブランド（例えば霞が関、六本木）などに固執しなくても良いサービスをしっかり提供できていれば、極端ですが、山奥に事務所があったとしても行列ができます。

利便性は、対面に重きを置く場合、事務所の最寄駅にＪＲと地下鉄２～３本あれば完璧です。

訪問されるお客様にとっても利便性は最重要ポイントです。わかりにくい場所にある場合は、ＨＰに写真付きで道順を示すと良いでしょう。

電子申請の普及（会社設立、労働・社会保険、税務申告など）により、やり方によっては、全国からの集客が可能なため、特に市場規模や商圏にこだわる必要はありません。

4 ＨＰ・ブログなどのＩＴツールの効果的な使い方反応・集客できるまで掘り下げる

私は、集客のためのＨＰ戦略は、最近は行っていないのですが、一時期は、ＳＥＯ（検索エンジン最適化：Search Engine Optimization）という、Yahoo や Google などの検索エンジンで上位に表示させる手法を自分なりに研究を重ね、検証を行っていました。

開業当初の顧客は1件でしたので、必死に集客方法を模索していました。努力の甲斐もあり、全てのキーワードで検索エンジンの１～２ページ目に表示されるようになり、かなりの人の目に留まり、集客もある程度はできました（平成20年5月時点で、東京都23区＋社会保険労務士で、常に1～2ページ目に表示）。たくさんの同業者や顧客の目にも留まり、「HP見ましたよ！」とお声がけいただくことも多かったと記憶しています。

現在は、SEOよりリスティング（広告が上部や右上などに表示される手法）の方が効果的であるとされ、SNSなどによる集客方法も確立されています。こうしたことは自分でももちろんできますが、時間がない場合は、リスティング専門の会社などに依頼することも一つの方法です。

ここでのポイントは、
「やってみてすぐに結果が出ないからあきらめる」のではなく、
「反応や集客ができるまで掘り下げる、行動し続ける」ことです。

反応の確率を上げる方法は、

ウェブサイトを最低でも3つ持つことです。

• メインHP、サブHP（専門特化型HP）、ブログなど

３つ持つことで露出度も格段に上がります。

ウェブサイトは、「事務所に何ができるのか」を伝える**メッセンジャーの役割**をしてくれます。

また、24時間インターネット上で営業をしてくれる、いわば**ネット上の広告塔**です。制作会社と何度も協議し、細部にまでこだわり、納得できるものを作り上げましょう。集客に詳しいHP制作会社であれば、「問い合わせフォームはここに置きましょう」などとアドバイスをもらえます。

楽しんで集客方法を考え、実践してみてください。

メディアは、最新情報に飢えています。

例えば、税法の改正や労働法の改正、民法の改正など、タイムリーな情報を先行して詳細にブログに掲載することで、メディアが食いついてくる確率は格段に上がります。

ブログも**掲載記事が多くあること**と、**内容が最新で正確であること**で、さまざまな人の目に留まる可能性が格段に上がります。

当初ブランディングの一環として、メディア露出戦略を取っていた時期がありました。私の場合ですが、「副業」「高齢者雇用」問題について、詳細にブログやＨＰに掲載したところ、多数のメディアの目に留まり、新聞の取材や雑誌への掲載、ＴＶ出演まで果たすことができました。さらにその情報をＨＰやブログに掲載することでさらなる相乗効果やブランディングに繋がっていきます。

熱心に対策をしていると、だんだん効率的な**「最短経路」**がわかってきます。根気がいる作業ですが、いつの時代にも通じる「最短経路」を見つけて、それを実践し、反応があるまでわくわくしながら繰り返すのです。

開業当初は顧客も少ないため、こうしたことに時間をかけて取り組めるはずです。

しかし、注意点もあります。最近では不適切な投稿を行うことにより、多くの方々に迷惑をかけ、所属の会から処罰を受ける事例も出てきています。

ＨＰを作成する場合は、倫理的な表現を心掛けるように制作会社とも協議を重ねてください。ブログ投稿の場合も、過大・激烈な表現は極力避け、所属の会の指針にのっとって倫理的に掲載していきましょう。

5 実は紹介が一番手堅い集客方法

前項でＩＴツールを駆使した集客方法を紹介しましたが、結論から言いますと、士業にとっても、会社経営にとっても、一番手堅い集客方法は**「紹介」**です。

「紹介」以外の集客方法としては、ＨＰからの問い合わせ、セミナー開催、チラシ配布、ＤＭ、飛び込み営業などがありますが、結局のところ「紹介」が「一番手堅い」方法なのです。

現在は、ほとんどの士業事務所がＨＰを持っています。ＨＰからの集客は競合他社が乱立し、いわゆるレッドオーシャン（競争の激しい領域）化しています。こうなると、価格の崩壊とサービスの質の低下が起きることは容易に想像できます。

HPを持たない友人（若手）のA弁護士（職員5人以上）は、紹介のみで新規顧客を数多く取得し、同じくHPを持たないS社労士（職員5人以上）も、大手企業を含め数多く受託しています。

私も当初は、これからはネット時代なのにあえてHPを持たないことがとても不思議でした。しかし今では、身近で信頼のおける人からの「紹介」は、成約率も格段に高くなり、良い顧客に恵まれるということを痛感しています。

「紹介」は、漫然と待っていて**自然にやってくるものではありません**。こちらから能動的に仕掛けていくことが必要です。右に挙げた士業の方々は、**能動的に人に会って**、戦略的に紹介をいただいているのです。

知人1人に50人のネットワークがあると仮定しましょう。たとえ本人から仕事をもらえなくても、仲良くして人間関係を築いていけば、その50人の中から自分に合った顧客を紹介してもらえるチャンスはグッと広がります。

〈私の紹介経験談〉

私の一番初めの顧問先（お客様）は、小学校の頃の友人M君からの紹介です。

私は、在日韓国・朝鮮人3世（日本の血3／4、韓国の血1／4、祖父が韓国出身）なのですが、友達の中でも群を抜いて貧乏で、自宅が狭いことの恥ずかしさから、自宅に友達を呼んだことがあるのは、M君を含め指で数えることができる程度でした。

そのM君が学校からの帰り道、数人で話をしているときに、「こいつの家は狭くて貧乏なんだぜ」というようなことを言い、からかい始めました。

その言葉が終わるか終わらないかの間に、私はM君を殴っていました。初めて人を殴った瞬間でした。

それ以降、M君に会うと挨拶を交わす程度で疎遠になっていました。

その後、お互いに社会人になり、M君が、私が社会保険労務士になったのをどこからか聞きつけて、「こんなお客さんがいるんだけどやってみない？」と提案してくれました。その気持ちは本当にうれしかったと記憶しています。開業のきっかけが欲しかったので、道が開けたと思いました。

開業前は紹介の影響力について知る由もありませんでしたが、結果として、情報を発信し続けて、友人の目に留まったことが功を奏したと言えるでしょう。

そのときは社労士事務所で修業をしていましたが、いい機会だと思い、思い切って開業をしました。

開業のきっかけをつくってくれたM君には今でも感謝しており、時々ご飯を食べに行っては、お互いの近況報告をしています。紹介してもらった顧問先様（Y社長）には、ご愛顧いただき、10年来顧問をさせていただいております。信頼できる筋からご紹介いただいた、まさに良顧客だったわけです。

そのY社長には、感謝するとともに今でも頭が上がりません。

まずは、自分にはコネがないと思っても、近いところから自分の近況を含めて声をかけて、**人に会いに行くこと**が重要です。

親類、友人は自分の人となりをわかっていますので、紹介してもらいやすいでしょう。

6 繁盛している行政書士に学ぶ

士業で開業して食べていくのが難しいとよく言われているのが、行政書士です。しかし、果たして本当にそうでしょうか?

行政書士が難しいとされる理由は、①スポット案件がメインの業務である（顧問が取りにくい）ことや、②司法書士・弁護士などに比べて案件ごとの単価が低いことが考えられます。

実際に私がお付き合いさせていただいた行政書士の中にも、「開業しましたが少し前に廃業しました」「開業しましたが副業でアルバイトをしています……」といった方が過去にいらっしゃいました。

廃業などのリスクはどの士業でも同じようにありますが、行政書士で成功している人はたくさん存在します。

難しいとされる行政書士で成功しているノウハウを学ぶことで、どの士業にも通じる再現性のあるパターンを導き出すことができます。

少し大げさかもしれませんが、事務所経営努力を続け、苦しんで苦しんで、そこで成功している行政書士事務所にこそ、士業全体に通じる成功ノウハウがあるのです。

第6章で取り上げる、藤井達弘先生は、当初、NPO法人設立に特化して顧客をしっかりと捉えました。また、行政書士の丸山学先生は、家系図作成の専門家としてオンリーワンの地位を築くことに成功しました。

私の友人の行政書士は、海外法人設立（日本からイギリス、マカオ、ベトナム、シンガポールなどに現地の法人を設立、現地の専門家と提携）で顧客を獲得することに成功しています。

いずれも、**「誰に」「何を提供するのか」**が明白です。

このように、何かに**「専門特化し、他と差別化する」**ということが、成功の糸口をつかむ一つの方法になります。

また、会社設立の業務を行うと、追加で許認可手続きや契約書作成業務の依頼をされることもあるでしょう。さらに、継続的な関係性を築いていれば、会社設立をする知人を紹介してもらえたり、その社長が追加で会社設立をする場合に依頼されたり、広がりが生まれます。

あなたの周りを見渡して、成功している行政書士はいるでしょうか？
その行政書士の成功のポイントは何でしょうか？
きっと全ての士業の成功に通じる糸口が隠されているはずです。

例えば、次のような成功のポイントが見えてくるでしょう。
- 業種に特化する：医療、建設、産廃業など
- サービスに特化する：ＮＰＯ法人設立、外国人関連業務など
- サービスの顧問化に成功している

※ここでの「サービスの顧問化」とは、スポット業務であっても継続的・安定的に受注できる仕組みを作っていることです。

行政書士に限らず、他の士業の成功例から学ぶことはあります。
例えば、開業時に**全ての士業**（行政書士・税理士・社労士・弁護士……）の開業本を読破す

ることをお勧めします。その中で自分に合ったノウハウを見つけるように心掛けてください。それを積み重ねて実践することが、事務所の**差別化**に繋がります。

同業の開業本は見ても、他士業の本を見ていない場合が多いです。案外、重要なノウハウを見落としがちです。

まずは10冊購入してブラッシュアップしてみてください。きっと新たな気付きがあるはずです。それらの本は、作業デスクの横に積み上げておくことをお勧めします。何か気付きがある場合に、パッと手に取って確認することができるからです。

行政書士に限らず、他の士業で繁盛している事務所に学ぶことは、成功をつかむための王道であり、一番の近道です。また、士業に限らず、サービス業などの成功要因を取り込むのもいいでしょう。ぜひベンチマーク（基準や指標として捉えること）して、実践してみてください。

成功するかしないかは、資格で決まるわけではありません。

くれぐれも、「今の資格で食べていけないから、もっと難易度の高い資格に挑戦しよう」という考え方はしないでください。仮にその資格に合格したとしても成功できる可能性は低いかもしれません。

7 初年度の売上はどれくらいが適正か

初年度の売上は、人それぞれです。初年度から年商1000万円を超える人もいれば、年商1万円の人もいます。

初年度は売上が少なくても恥ずかしいことではありません。私の事務所は、初年度の売上（年商）は、160万円でした。恥を忍んで見ていただいた会計士の方に「くすっ」（悪い意味ではありません）と笑われた記憶があります。

初年度は、1カ月、3カ月、6カ月……と、売上がなかなか立たなかったとしても、焦らずに決してあきらめないでください。他人との比較も厳禁です。石の上にも三年の精神です。

売上目標を立てることは、実際に事務所を経営していく上でとても重要です。

年間の売上目標を立て、それを月に換算します。

例えば、年間の売上目標が360万円だとすれば、月に30万円の売上が必要になります。30万円の売上を立てるためには、月に10万円のスポット案件を3社、顧問契約であれば、月に5万円の顧問を6社獲得する必要があります。

私の事務所は、初年度、顧問契約3万円(年の途中で5万円)、6・5万円、3万円の計3社がメインの収入源でしたので、年間で合わせて160万円程度になりました。当初の売上目標は、300万円でしたので、残念ながら目標には届きませんでしたが、3社もの会社が自分の事務所と契約してくれたことに、感謝するとともに、感無量の極みでした。

その後、徐々に売上を伸ばし、幸運もあって、開業3年経った頃に年商1000万円を何とか達成することができました。

目標金額を元に、収支のシミュレーションを立ててみましょう。

開業初期・収支シミュレーション

収入：月30万円の売上

支出：事務所家賃5万円、接待交際費3万円、携帯電話代1万円、消耗品費5000円
※広告宣伝費（数千円〜数万円）
差引：20万5000円→ここから生活費捻出
貯金：100万円
借入：200万円
家族構成：妻、子ども1人

月の売上目標が決まれば、それに向けて具体的な行動を起こしていけます。
行動したからといってすぐに結果が出るわけではありませんが、その積み重ねが、早ければ数カ月後には大きな結果となって表れてきます。

〈具体的な行動〉
- （事前の人脈づくり）人と会う
- HP・ブログ、チラシ・DM作成などを実践してみる

→その際、「誰に」「何を」提供するのかを意識して作成します。

・顧客が獲得できているのであれば、目の前の顧客の仕事に全力を注ぐ
・敷居が高いと思う会に参加してみる

最初は売上が上がらなくても、心から楽しんで行動してください。

〈仕事を楽しむためのイメージ例〉
・HPを作ってたくさんの問い合わせが来たらうれしい……
・この人と仕事ができたらどんなに楽しいだろうか……
・新聞に取り上げられたら、一気に知名度が上がるんじゃないか……　など

考えるだけで、事務所経営が楽しくなってきますね！

8 金融公庫などから融資を受ける

士業事務所の運転資金の原資となるのは、「自己資金」もしくは金融機関などからの「借入金」です（出資という方法もありますが、レアケースなので外します）。

士業の事業資金の目的は、事務所の賃貸費用、職員の雇用費、広告宣伝費、営業活動に伴う諸経費などが該当します。

いきなり銀行から融資を受けるのはハードルが高いため、比較的審査も通りやすい、日本政策金融公庫か信用保証協会を検討してみましょう。

日本政策金融公庫

https://www.jfc.go.jp/

・新創業融資制度

新たに事業を始める人や事業を開始して間もない人に原則無担保・無保証人で融資してもらえる制度

信用保証協会

http://www.zenshinhoren.or.jp/others/nearest.html

・申込時に必要な書類
〈新規に開業する人〉
①借入申込書
②創業計画書
〈個人事業で申告をしている人〉
①借入申込書
②最新2年分の申告書類一式（確定申告書、決算書など　写しでも可）
③税金の領収書（所得税、消費税、事業税など　写しでも可）
など（詳細は窓口にお尋ねください）

創業計画書を書くことで、事業の未来がイメージしやすくなります。日本政策金融公庫の創業計画書には、1年後の計画が書いてありますが、試しに3年後までのシミュレーションを行ってみましょう。

無事に返済できれば、信用もつき、また融資を受けられます。まずは、運転資金として

100万円程度を借りる癖をつけていきましょう。

当初は売上がない状態の借入となりますが、大体の月商をイメージして、身の丈に合った借入をしていきます。考え方として、**「借入金月商倍率」**があります。

借入金月商倍率（月）＝借入金÷（年間売上高÷12）

2・4（月）＝200万円÷（1000万円÷12）

業種によっても異なりますが、一般的に3カ月以内が適正で、6カ月を超えると危険領域になります。

士業は仕入れがないため、原価がかかりません。売上＝収入となる場合が多いといえます。借りた資金は、運転資金の用途もありますが、いざというときに**投資をする**資金としても活用していきましょう。

融資を受けると、月に数千円の利息がつくというデメリットがありますが、手元に資金があり、ゆとりができるメリットがあります。返済期間は、3~5年が一般的でしょう。

9 同業の仲間との付き合いには多くのメリットがある

士業のあなたが事務所運営をするとき、同業の仲間と付き合うと、次のようなたくさんのメリットが生まれます。

①法改正などの情報共有ができる

法改正などは、自分がアンテナを張っているつもりでも、どうしても情報に漏れが出てしまう場合があります。そのときに同業の仲間がいると情報を共有することが可能です。

②事務所運営の悩みや自分が手に負えない案件などの相談ができる

同業の仲間がいると、事務所運営の悩みを相談したり、特に職員採用および活用の相談ができます。また、自分が手に負えない案件などを一緒に行ったり、アドバイスをもらうこともできます。

③仕事を紹介し合える

専門誌などへの共同執筆や、事務所の業務が手いっぱいの時に対応してもらうことが可能です。また、専門分野について詳しい人がいる場合（自分の場合も同様）があるので、仕事を紹介し合えます。

- 行政書士→入管専門、建設業許可専門、風俗営業許可専門、産廃許可専門
- 弁護士→交通事故専門、破産専門、労働問題専門
- 税理士→相続専門、M&A専門　など

④周りの同業の活躍は、励みになる

同業の仲間は、ライバルでもあります。ライバルの活躍は自らの励みになり、原動力にもなり得ます。また、成功の要因を教えてもらうこともできます。

「同業の仲間と付き合いたくない」「付き合ってもメリットがあまりない」という意見も聞きます。果たしてそうでしょうか？

・ライバルだから敬遠する↓今まで顧問先や顧客がかぶったりしたことがありましたか？

・同業者同士群れても「傷のなめ合い」だから敬遠する↓確かに「傷のなめ合い」の同業者の集まりもありますが、まずは付き合ってみて、「傷のなめ合い」だと感じたときは、距離を取り、切磋琢磨できる別の同業者と付き合いましょう。

私は、同業の仲間と勉強会（社労士9人が参加）を10年近く続けています。月1回のミーティングと、困ったときの相談、共同執筆などを手掛けています。

〈社労士業務戦略集団　SK9〉

・SK9とは

Sとは、職業専門家である「社会保険労務士」の頭文字。
Kとは、「knowledge（知識）」「keen（熱心な）」の頭文字。
9とは、向上心にあふれ、互いに協力し合える9人の仲間。
前記を総称して、「SK9」と名付け、有限責任事業組合として発足しました。

・理念

我々は、職業専門家である社会保険労務士の知識を駆使し、常に向上心を持ち、熱心に物事に取り組むことで、関わる全ての人々を幸せにします。

特に、企業並びに社会保険労務士業界の発展に寄与します。

「この人だ！」と思ったら、勇気を出して声をかけてみて、無事に仲間ができたら、メーリングリストやフェイスブックなどのSNSを活用して交流しましょう。そこでは、業務に行き詰まった場合の相談や業務依頼などをすることが可能です。

また、月1回（隔月でも可能）の勉強会をすることで、モチベーションの維持にも繋がります。

事務所で実務経験を積んでいる場合は、その事務所の師匠・職員との交流、所属支部との交流にも数多くのメリットが多くあります。私は、10年以上経った今でも、修業を積ませていただいた師匠の事務所の忘年会や暑気払い、音楽会などに顔を出し、その都度、刺激をいただいています。

10 会（支部）活動は積極的に参加する

所属士業（弁護士会、弁理士会、税理士会、社労士会など）の会（支部）活動というと、どのようなイメージを持たれるでしょうか？

ご高齢のお偉いさんばかりで、堅苦しく、自分の意見も言えず下働きばかり……そのようなイメージではないでしょうか。

確かにそのような側面もあることは否定できませんし、実際所属会によってはご高齢の方ばかり……ということもあるかと思います。

反面、若手が多く所属して、活性化している会もあります。

開業すると、所属している士業の会（支部）に在籍することになります。在籍すると、その会で行っている活動や研修に参加します。

所属会（支部）を支えているのは、そこで委員活動をされている先生方で、その先生方も自分の事務所の仕事があるにもかかわらず会の方々のために汗をかかれています。

職業奉仕の一環として、一度、会の活動に顔を出してみることをお勧めします。積極的に参加することで、見えてくるものが数多くあります。封筒の袋詰め一つとっても勉強になります。数百〜数千の会員に発送しますので、一つ一つ順番通りに袋詰めし、会員に漏れがないかチェックを入念に行います。ベテランの先生も若手も一緒になって協力して行いますので、自然とチームワークも強くなります（事務局が発送作業をする場合もあります）。

仮にご高齢や目上の先生しかいなくても、「先輩の先生方10人↓若手の自分1人」のような場合、**多くを学べる大チャンスです**。何せ生徒1人に先生が10人いるようなものですから。

ここでのポイントは、**一番大変な委員会に所属する**ことです。

私の場合、東京都社会保険労務士会新宿支部総務委員、千代田統括支部総務委員・研修委員（協力委員）を経験しました。総務委員は、縁の下の力持ちとして一番の要となる委員です。

大変な会に参加し、あえて、火中の栗を拾いに行くのです。

そこでは、一挙手一投足から立ち振る舞いを学ぶことができ、**プロの専門士業として世の中に出ることの重み**を教えられました。


同業者の太い人脈が構築できる、仲間からの紹介で仕事に繋がる可能性がある、などのメリットもあります。

また、比較的経営に余裕のある方も多く活動を行っていますので、**経営ノウハウを教わるチャンス**もあるかもしれません。


会活動のお手伝いをしていると、役所などの行政協力を行う場合もあります。


私がやって良かった行政協力は、東京労働局の「労働保険年度更新の臨時指導員」です。

東京労働局で労働保険の申告を受理し、書類の精査をするお仕事です。

最高で４００件の書類を１日でさばきました。

１日拘束されて、とても大変ですが、労災保険の再勉強にもなりますし、たった１日で得られる気付きもとても多いのです。
もちろんそこで集客することはできないのですが、「社労士に依頼していない会社がこんなにもあるんだ！」「まだまだ集客のチャンスがあるな！」ということで、やる気やパワーが漲ってきました。

所属の会の活動に参加している友人のS弁理士は、10士業相談会などの活動を通じて、普段知り合うことのできない士業の方や、官公庁の方と知り合うことができて、メリットを感じているそうです。

本業があるので、会に拘束され過ぎるのも問題ではありますが、要はバランスを見ながら、協力できるときは積極的に協力し、本業が忙しいときは「ごめんなさい！」のスタイルでいいと思います。

これから士業にとっては事業を継続することが最も厳しい時代になってきます。まずは、経営を最優先で考えてください。少し余裕が出てきたら参加する形でもＯＫです。

11 顧客の見える化では、どのルートで契約したかのみに注力する

顧客を増やすアプローチ方法として、簡単かつ実践的な方法があります。お勧めするのが、**「それぞれの顧客がどのルートで契約したかを把握し、そこに経営資源を集中投下する」**ことです。

よく顧客の見える化では、「顧客リスト」を集めて、どの商品を買っているのか、どこが売上が高いのか、売上順でA、B、Cと把握しています。

その情報を利用し、商品を再購入してくれそうな顧客へのアプローチや売上の高い顧客へのサービスを手厚くするなどの戦略を練ります。

少し経営学をかじるとSWOT分析や5フォース分析などを使いたがりますが、あまり役に立たないことが多いので、必要ありません（ただし、分析手法は、原理原則の考え方として役立つ場合がもちろんあります）。

このようにさまざまな戦略が考えられるのですが、もっと効果的な方法があるのです。

繰り返しになりますが、シンプルに、**それぞれの顧客がどのルートで契約したか**を把握してみてください。

事務所を経営し、顧客が増えてくると、自分の事務所の強みも見えてきます。

一度、その顧客をどのルートで契約したかを確認してみます。

税理士からの紹介、ＨＰからの問い合わせ、既存顧客からの問い合わせ……いろいろなルートがあると思います。

例えば、「税理士からの紹介」が一番多いのであれば、あなたの強みは「税理士を通じての顧客獲得」になりますので、戦略的にそこに資源を集中して投入します。

対象の税理士および他の税理士と親交を深め、相手が好きなゴルフや宴会、落語などに対し、自分の時間とお金を集中投下します。

相手を嫌な気持ちにさせず、相手が喜ぶことを実践します。

お酒が好きな方なら酒席を設け、甘いものが好きな方ならフルーツパーラーに一緒に行きます。

会う時間もそうですが、会う回数（頻度）も重要になってきます。

投下する経営資源は、「ヒト・モノ・カネ・情報」です。

- ヒトは、自分および職員の時間
- モノは、お中元・お歳暮・手土産
- カネは、顧問先やお客様紹介（お金といっても賄賂ではありません）
- 情報は、相手が喜ぶ情報

中には、「飛び込みのお客様」が多い士業事務所があります。その場合に要因として考えられるのは、事務所が駅前などにあり、「利便性が良い」ことが考えられます。

当事務所で圧倒的に多いのが、**「既存顧客からの紹介」**です。顧客が顧客を呼ぶ仕組みです。ですから、顧客のサービスを手厚くするため、職員を採用し、**仕事の質とスピード**を上げていきます。

契約のルートがわかれば、紹介率も参考にするといいでしょう。紹介率が高い顧客には、接触頻度をさらに高めていく必要があります。

- 伸びしろがある事務所：０～30社
- 安定成長事務所：40～50社
- 成功レベル事務所：１００社以上　の顧客

多くても１００社程度ですので、１００社の分析は、ものの1時間もあればできてしまいます。

「自分の最大の強みのところに、最大限の資源を投入する」

顧客が増えてきたら、ぜひ実践してみてください（図表２－11）。

図表２－11　顧客の見える化（イメージ）

会社名	業種	契約ルート	社長	紹介件数	社長の誕生日	喜んでもらえること	…
A	小売	紹介（友人）	△△△	1	○月△日	電話	…
B	製造	紹介（友人）	△△△	0	○月△日	食事	…
C	IT	紹介（友人）	△△△	2	○月△日	お酒	…
D	医薬品開発	紹介（税理士）	△△△	0	○月△日	食事（そば）	…
E	医療	HP	△△△	0	○月△日	ゴルフ	…
F	医療	紹介（顧客）	△△△	0	○月△日	囲碁	…
G	IT	HP	△△△	0	○月△日	カラオケ	…
H	販売	紹介（顧客）	△△△	1	○月△日	ゴルフ	…
I	小売	勉強会	△△△	0	○月△日	家族付き合い	…
J	製造	HP	△△△	1	○月△日	甘いもの	…
K	歯科	紹介（税理士）	△△△	1	○月△日	…	…
L	…	紹介（顧客）	△△△	1	○月△日	…	…
M	…	紹介（顧客）	△△△	0	○月△日	…	…
N	…	紹介（税理士）	△△△	0	○月△日	…	…
O	…	HP	△△△	0	○月△日	…	…
P	…	紹介（司法書士）	△△△	1	○月△日	…	…
Q	…	HP	△△△	2	○月△日	…	…
R	…	紹介（顧客）	△△△	0	○月△日	…	…
S	…	紹介（顧客）	△△△	0	○月△日	…	…
T	…	紹介（顧客）	△△△	0	○月△日	…	…
U	…	紹介（顧客）	△△△	0	○月△日	…	…
V	…	紹介（顧客）	△△△	1	○月△日	…	…
W	…	HP	△△△	1	○月△日	…	…
X	…	紹介（顧客）	△△△	0	○月△日	…	…
Y	…	紹介（顧客）	△△△	1	○月△日	…	…
Z	…	紹介（税理士）	△△△	0	○月△日	…	…
…	…	紹介（顧客）	△△△	0	○月△日	…	…

回コラム回　霞が関に事務所を構えたが……

「東京都千代田区霞が関○－○－○　2階」

ここは、私が士業（社労士）で開業して1年後に構えた住所です。

霞が関といえば、政府の中枢があり、その地名を知らない人はいません。

初めて事務所を開業した場所は新宿の共同事務所でした。

その頃からひそかに**「霞が関移転計画」**をわくわくしながら練っていたのです。

「霞が関に住所を構えることでどのような効果があるのだろうか……ひょっとして売上アップに繋がるのでは？」という好奇心と向上心から、意を決して霞が関に事務所を移転しました。

移転といっても狭いレンタルオフィスの一室です。

狭い部屋に机2個と椅子2個、パートさんを雇用してのスタートでした。

内情を知らない同業や他士業からは、「おー、霞が関に事務所を構えるなんてすごいじゃないか!」と称賛にも近い褒め言葉をいただき、鼻高々でした。

名刺を渡しても、「えっ!? 霞が関?」と驚く反応が多かったと記憶しています。

しかし、半年、1年と経ちましたが、「霞が関に事務所があるから依頼しよう」というお客様は現れませんでした。

当然のことです。

お客様は、事務所の立地より、**サービスの質や対応**などを求めていたのです。

また、霞が関という住所柄、**敷居**が高くなっていたのかもしれません。

顧問先や見込み客には事務所の立地はまったくと言っていいほど関係ないということに気付き、売上には結びつきませんでした。

単に「霞が関に事務所がある」という自己満足にすぎず、他者がどう思っているか、すなわち**「他者認識」**の部分が欠如していたのです。

「霞が関」という地名ブランドを用いての売上向上計画は、結果として失敗でした。

ただし、霞が関の事務所は、利便性の点でメリットがありました。最寄り駅が溜池山王で、地下鉄が縦横無尽に通っていましたので、電車での移動は大変便利でした。

また、所属していた東京都社会保険労務士会の千代田統括支部は、日本でも最大規模の支部なので、その支部委員活動で研鑽を積むことができました。それは現在の業務などにも大いに役立っています。

他の士業にとってみると、霞が関は特許庁が近くにあるので、特許の専門家である弁理士にはアクセス面で良い場所です。

回コラム回　名刺交換の交流会には参加するな

結論から言います。

名刺交換の交流会には参加する必要はありません。

なぜかというと、私も開業当初はいくつもの交流会に参加したのですが、無駄ともいえる時間を過ごしたからです。私は元々話し上手ではありませんので、料理だけ食べて帰ったこともありました。

〈私が開業当初、「異業種交流会」に参加した実例〉

・スピリチュアル系の方が多かった交流会（スピリチュアルが悪いわけではなく、スピリチュアル系の方の比率が多く話がまったく合わなかったという意味です）
・個人事業なのに「代表取締役」と書いた名刺を配っている人がいた交流会
・立食形式でただ食べて飲んで帰る人が多かった交流会

異業種交流会や名刺交換会には、困っている人が仕事を求めてやってきます。皆が「何かお困り事がありましたらご依頼ください」「一緒に面白いことをやりましょう」と発信しています。しかし、困っている人同士で名刺交換してもあまり意味がありません。交流会でたった5分会った人から後日年賀状をもらっても、顔も思い出せません。

50～100名規模の異業種交流会は、「名刺交換タイムです！　名刺交換をどうぞ！」と言われたところで、それこそ名刺を配るだけで終わってしまいます。

強固なネットワークをつくりに行っているのか、名刺コレクションをしに行っているのか、目的意識をはっきりと持たないと、参加費用と時間が無駄になってしまいます。

ただ単に名刺交換で終わらせるか、次に繋げるかは**あなたの心構え**次第です。

どうしても参加する場合は、交流会の**主催者**や**登壇者**に積極的に声をかけ、後日交流をしたり、**あなた自身が会の主催者となり運営**したりすることで、望ましい効果が得られる可能性は格段に上がります。

第3章

10年続く士業の実践方法
顧客×人脈編

1 仕事の出来よりスピードが一番大事

ビル・ゲイツは、「デジタル経済が今後さらに発展し、**スピードこそが企業にとって最も重要になる**」と言っています。

それこそ今まで1日かけて行っていた業務が1分で終わる世の中がやってきます。

AIの進展に伴い、業務の効率化が進む中で、士業にとってもスピードが最大の武器になるのです。

今後、士業に最も求められる「スピード」は、**業務の対応スピード**です。

〈すぐ実践可能なスピード対応例〉

①ボリュームが多い・難易度が高い仕事

士業は、仕事の完成度では、常に100パーセントに近い完璧なものを求められる場合が多いと言えます。しかし、期限が決められています。

納期に遅れそうな場合は、８割の仕事で取りあえず先方に送ってみます。

その場合は、途中で進捗状況を知らせます。ほったらかしは一番いけません。

まずは８割分を送り、その後徐々に修正を加えて１００パーセントを目指していけばいいのです。

②すぐ終わりそうな仕事

５分以内で終わる仕事は、すぐその場で片付けてしまいます。割り込み仕事も同様です。

例えば、すぐ返信できるお客様からのメールが来たとしましょう。面倒くさがらずに、その場で返信すれば、印象もいいですし、後々まで覚えておく必要もありません。

メールでチャットをしている感覚でお客様とやりとりをする場合もあります。

メールに気が付いたならば、緊急度や重要度にもよりますが、１分以内に返信、遅くても10分以内には返信します。

リアルに繋がっている感覚を共有でき、仕事のスピードも速くなります。メールを漬け置きにする必要はありません。

士業は、集中力を高めて資料を作成することが多いため、**「15分刻みの仕事」**を心掛けます。

サウスウエスト航空では、飛行機が空港に着陸して次に離陸するまで、乗客と荷物を降ろし、掃除をしたりするのを15分（目標時間）と定め、終わらせます。他航空会社と比較しても驚異的なスピードです。これを実現するために、食事を出さない、座席を自由席にする……といったことを行い、削ぎ落とすところとやるべきところを見極めて対応しています。仕事を15分刻みにすると、やらないことが明確になり、重要なポイントに集中できます。1時間を4コマに分けることができ、15分で別の仕事に振り分けることができ、飽きもこないため、自然とスピードも速くなり、効率も良くなります。

クライアントは、企業経営者が多いため、スピード感は最も強力な武器の一つになり得ます。

次のアポイントも、「いつ会いましょうか？　本日戻りましたらメールで連絡します」では、遅いのです。「いつ会いましょうか。11月27日と29日は空いていますか？」と聞きます。その場でテンポよく決定していくのです。

その他、情報への対応スピードや、ＡＩなど最新テクノロジーへの対応スピードも重要なスピードファクターです。心掛けて実践してみてください。
スピードも**差別化**の重要な一要因です。

2 目の前の顧客の仕事に全力を注ぐ

目の前の顧客の仕事に全力を注げば、結果はおのずとついてきます。

目の前の顧客の仕事に全力を注げば、信頼度が増し、それが積み重なれば、**「信頼の貯金」**が出来上がります。

「信頼の貯金」が積もり積もると、顧客が別の顧客を紹介してくれたり、別の会社を立ち上げた場合に別の仕事を依頼してくれたりもします。

開業当初は、「知識が足りないからセミナーに参加してみようか」「セミナーや執筆活動で集客できないか」「ＨＰやフェイスブックを活用できないか」など、あれこれ考えがちです。もちろん、専門知識をさらに学び、顧客を増やす方法を考えるのは私も大いに賛成なのですが、意識がそこにばかりに行き過ぎると、せっかく仕事を依頼してくれている顧客対応が疎かになってしまいます。

まずは、当然のことではありますが、依頼された仕事に集中し、きちんとしたサービスを提供することを心掛けてください。


仕事を進める上で失敗しがちなのは、自分が持っている知識やノウハウの範囲で、自分目線で仕事を遂行してしまうことです。自分が良いサービスを提供していると思っていても、顧客はそう思っていない場合が往々にしてあります。


「顧客の立場に立って一生懸命考える」ことが一番重要です。

専門家である私たちは、ついつい論理的に、しかも長くしゃべりがちです。

顧客の立場に立つには、顧客が何の悩みを抱えているかを**「聴く」**ことが必要です。

そのステップを踏んだ上で、具体的な対応策を練り、提案資料を作成していきます。

納得のいくまで何度でも顧客のところに足を運び、議論を繰り返し、**「もっと」の精神**でいいものを追求する姿勢と行動が必要です。

私の場合ですが、名刺に自分の携帯番号を記載しています。顧客から電話があれば、時間外だろうが休日だろうが、その場で対応します。顧客は、緊急にかられているからこそ、「休みだけど連絡しても大丈夫だろうか？」という意識を持ちながらも（そうではない方も少数いますが）電話をかけてきます。そのときに明るい声で「安心してください。大丈夫ですよ。問題は解決しましたか？」と対応すれば信頼度はグッと上がりますし、職業人としての心構えがしっかりしていることを示すことができます。

仕事を進めるにあたり、重要なポイントが３つあります。

①仕事のスピード

仕事のスピードは、前節でも取り上げた通り、仕事の質や量に勝る、最強のスキルです。即断、即決、即行動を心掛けてください。

②仕事の完成度（質）

完成度を高めるためには、事前準備をしっかりとし、勉強など常日頃の研さんが必要です。第6章で取り上げる弁理士の山田強先生は、特に品質にこだわっています。

③仕事のボリューム

提供する資料が多ければいいというものでもありませんが、丁寧な仕事とボリュームのある資料が顧客を思わずうならせます。第6章で取り上げる行政書士の藤井達弘先生は、単純な業務でもお客様のことを第一に考え、ボリュームのある資料作りを心掛けています。

＋αで、値頃感のある価格が備われば、完璧です!!

これら全てを満たしたときに、お客様に**「感動を与える」**ことができます。そして、次のチャンスにきっと繋がっていきます。

顧客とのやりとりは真剣勝負です。「この仕事を完遂できなければ次はない！」という気持ちで臨んでください。仕事を完遂したときに、きっと新しい可能性が広がるはずです。

3 お客様（顧客）を真剣に怒る

このタイトルを見て、「顧客を怒ると契約解除されるのでは？」と感じるかもしれません。確かに契約を解除されるリスクはつきまといます。

しかし、プロとして取り組んでいる以上、「本気で取り組んでいるからこそ真剣に怒る」場面もあるのです。

顧客を怒るときとは、どのような場面でしょうか。

1　○○○の社長（社員）が真剣に取り組んでいないとき
2　○○○の社長が（あからさまに）社員より自分の利益を追求したとき
3　○○○の社長がコンプライアンス違反を犯しそうになったとき

このようにいろいろな場面が想定されます。

当事務所も開業して10年以上経つ中でいろいろな顧客を見てきました。

- 景気が悪いときに、社長が自分の報酬を先に下げるのではなく、社員の方（福利厚生含む）に手を付けようとしていた。
- 社長の報酬は20万円（仮）としていたが、いざ蓋を開けたらそれよりも多くもらっていた。
- 人事評価制度作成時に、手を抜いて宿題（次の打ち合わせまでに用意すべき双方の課題）を怠けていた。

社長は悪気なくこのような対応をしているので、怒ると一瞬「えっ？」という顔になります。しかし、道を踏み外しそうになったときには叱咤し、誤った方向を正しい方向に軌道修正するのも士業の立派な務めです。

「怒ることができる」≒「信頼関係が構築できている」と言えるかもしれません。

怒るにしても、ただ感情に任せて怒るのではなく、「伝え方」が重要になります。

ある社長から、「自分に敬意を払え」と言われたことがあります。そのときは本気で怒り、理路整然と気持ちを伝えました。

「顧客であるあなたに敬意は当然に払っています。しかし顧問契約をしているということは、何かお困り事があって当事務所に業務を依頼しているということです。お互い様なのです。もし気に入らないのであれば、顧問契約を解除していただいて構いません」

その後、腹を割って話し合い、今では無二の顧客となっています。

顧客に怒って、結果として契約解除になったとしても、仕方がありません。

そのときは、潔く引き際を見極めて対応しましょう。

一方で、ありがたいことに、

「真剣に怒ってくれるから契約を続けているんだよ」

「怒らなくなったら契約解除だ！」と言ってくれる顧客もたくさんいらっしゃいます。

顧客に怒る＝真剣に仕事に取り組んでいる証拠です。

状況にもよりますが、意識して取り組んでください。

4 お客様（顧客）のミスを指摘しない

顧客と継続的に良好な関係を築きたいのであれば、顧客のミスを指摘するのはやめましょう。

ミスは誰にでもあるもので、ミスを指摘されて気持ちのいい人はいません。

法律の専門家が法律用語を知っているのは、当然のことです。顧客が法律について誤った解釈をしたり、ミスをしたりするのは、考えてみれば当然のことです。

顧客がミスをしたときには、頭ごなしに責め立てるのではなく、最大限の配慮をして対応しましょう。

- ありのまま、感情むき出しのまま、ミスを指摘する→×
- 遠回しにやんわりと気付くようにする→○

場合によっては、こちら側のミスとして「私の伝え間違えがあったかもしれないのですが、このような解釈でよろしいでしょうか」「もしかしたらこういう形で申し上げてしまったかもしれないのですが、このように修正していただいてよろしいでしょうか」などと対応します。

よくあるのは、メールの添付漏れです。「メールの添付が漏れています」と指摘するよりは、「こちら側のサーバーのエラーで添付が届いていないかもしれないのですが……」と確認してみます。

相手の気持ちを最大限尊重し、スムーズに仕事が流れるようにします。やんわりと気付くようにしても、気付かない場合もあり、そのときは、ストレートに指摘します。

しかし、法律を扱う仕事なので、こちら側のミスにするとNGになる場合も少なくありません。そのような場合には、「大変恐れ入りますが」「恐縮ですが」と、可能な限り抑えめに指摘し、しっかりと事実を伝えていきましょう。

「どっちがミスをした」「言った」「言わない」になると本末転倒です。

専門家は、あくまで黒子役、サポート役として徹するように心掛けましょう。

ポイントは、**ミスを指摘せずに、「正しい方向に導く」**ことです。

仕事を行う上で、こちら側がミスをする場合も当然あります。

「ミスを指摘しない」対応を行っていると、こちらが少しミスをしたとしても大目に見てくれる場合も出てきます（本来好ましいことではありませんが……）。

絶対にしてはいけないことは、ミスを隠すことです。

しっかりと事実確認をした上で、こちら側に非がある場合は、先方に報告をし、謝罪をします。謝罪をした上で、全力でミスをリカバリーします。

どんなに重大なミスであっても、所長のあなたではなく職員がしたミスであっても、ミスに正面から向き合った上で、再発防止策を含む対応を考えていきます。

顧客の最終的なメリットを考えて行動していきましょう。

5 売上が大幅に減少した場合の対応方法

これから開業する人、開業して間もない人は心して読み進めてください。

継続して事務所経営をしていると、売上が大幅に増加する場合もあれば、その逆もありえます。数百万円単位で売上が減少する場合もあります。

結論から言います。売上が大幅に減少してから対応策を練ったとしても、時すでに遅しです。

好調なときに必要な投資を行い、景気が悪くなったときに備える必要があります。

10年以上事務所経営を続けていると、必ずと言っていいほど好調、不調の波が訪れます。私の場合ですが、売上が下がる直前、ぞくぞくっとした嫌な感覚みたいなものがあり、ほとんど的中します。

契約解除はあまりない方なのですが、それでもいきなり「実は事情があり、来月から……」と言われる場合があります。

そんなとき、「売上が大幅に下がった」→「広告宣伝費、接待交際費の削減」→「さらなる売上の減少」といった負のスパイラルに陥ることは何が何でも避けなくてはなりません。

〈売上が減少した場合の心構えと対処法〉

- 好調なときに不調なときのことを想定して、ありとあらゆる投資・手段を講じる
- 不調になったときは、広告宣伝費・接待交際費を縮小するのではなく、逆に投資を行う（荒療治のため、事務所と外部環境の状況を踏まえて行います）
- 既存顧客のサービスを手厚くする

売上が伸びているときに、伸びている要因をしっかりと見極め、そこに資源を集中投下することが重要です。

2008年のリーマンショック時のことです。私の事務所では、すぐには影響は現れませんでした。しかし、半年~1年後にじわじわ不況の波が訪れ、周りの仲間の事務所にも余波が訪れました。

私は、サバイバル戦を得意としています。周りで、「不景気で顧問先が激減した」「契約がなかなか取れない」といった声を聞きます。ですが、そのときに売上を伸ばすことができます。右記の対処法を行っているからです。

不調なときに好調なのです。逆に皆さんが好調なときに不調になる場合もありますが(笑)。

売上が落ちてもめげずに、利益の確保を優先してください。

不調なときにやってはいけないことは、

・他の顧客の値上げをする

・料金の値下げをする
・人員の削減をする

です。売上が大幅に減少したからといって、他の顧客の値上げをしてはいけません。その顧客にとっては何も関係のないことです。

逆に料金の値下げもしてはいけません。値下げをすれば顧客がやってくると思いがちですが、顧客は値下げよりもあなたが提供するサービス・対応の質で判断しています。

最もやってはいけないのが、人員の削減をすることです。苦しいときには、人件費が一番重くのしかかりますが、一緒に苦難を乗り越えてくれる仲間を切り捨てることは何が何でも避けなくてはなりません。売上がたとえ減少しても、雇用の安定が守られることで安心感を与え、一人一人に帰属意識を持ってもらうことができます。苦労を一緒に乗り越えることで、今後も大きなパワーを発揮してくれるのです。

6 顧問料（費用）を滞納する顧客との付き合い方

事務所を数年経営していると、「顧問料（費用）を滞納する」顧客が現れる場合があります。なぜ顧問料を滞納するかというと、「支払いの金銭的余裕がない」などの理由が考えられます。

まず、顧問料を滞納する顧客パターンを見分ける必要があります。

〈顧問料を滞納する顧客のパターン〉
①金銭的余裕がないため、払う意思はあるが払えない
②金銭的余裕がないため、払う意思がない
③金銭的余裕はあるが、払う意思がない

①の場合、顧問を続ける場合があります。その条件としては、

1　**経営者が自身の報酬を下げるなど、何とかしようと努力している**
2　「今月も支払う意思はあるのですが、金銭的に厳しいので待ってください」と**密に連絡をくれる**

この2つの条件を満たした場合、半年～1年ほど状況報告を含めて様子を見ながら顧問

を続けます。

その間も、一緒に食事をするなどして状況を聞き、必要なアドバイスや人脈を提供し、顧客の心に可能な限り寄り添うようにします。

また、分割でも、数千円・1万円ずつでもいいので、少しずつ支払えるようであればお願いします。

一定の期間が経っても、見通しが見えない場合は、債務が膨らんでしまい、お互いにとって良くないため、真摯に話し合いをした上で、いったん顧問を打ち切り（しかし関係性は続けた上で）、債務の返済を少しずつしてもらいます。
③は論外で、そのような相手側の意思が確認できた時点で契約は打ち切りとなります。
また、債務も法的拘束力の強い方法で回収となります。
②の場合は、金銭的余裕がないため、払う意思がなくなり、当初は「払います」と言っていても、「優先度からしても士業への支払いは後回しでいいや」と、徐々に経営者からの連絡がなくなり（連絡が取れなくなり）、実務ベースで、担当者間の仕事は発生するが、

支払いがないため債務が膨らみ続けるというパターンです。

この場合も、速やかに契約を打ち切り、債務の回収にあたります。

契約というものは、形式的な契約書は存在しますが、お互いの信頼関係のもとに結ばれるため、最後は相手がどのような人物であるかを見極めた上で、継続するかどうかを判断してください。

また、付き合いの長さも判断ポイントになります。10年近く顧問料をきっちり払っていたが、ある日突然……ということもあるかもしれません。その場合は、今までの関係性も含めて判断してください。

相手に「約束事」を守る意思があるかどうか、見極めるのは難しいですが、顧客と腰を据えて話し合った上で判断するのが望ましいと考えます。

7 本当に大事なのは判例研究だけではない

士業の事務所運営において大事なのは、バランスです。

士業は専門家なので、裁判例（判例）もある程度は知っておかなくてはなりません。判例について勉強する時間を設けたり、研究会などへ参加し、研鑽することで得られるメリットも数多くあるでしょう。

中には判例についてマニアックに詳しい人もいます。

しかし、「マニアックに判例に詳しい人 ≠ 事務所安定成長」で、必ずしも判例に詳しいから事務所運営が成功するわけではありません。

また、開業当初から何も実務もないのに判例研究をしてもなかなか頭に定着しません。

重要なのは、問題があったときに、書籍や判例データベースなどで研究し、一生懸命対応策を考え、実践で対応能力を培うことです。

判例というのは、似たような事案でも、担当する裁判官や時代背景によって判決が異なる場合があります。複数の判例を実践で検証することで確実に知識は定着していきます。

実践で培った知識はなかなか離れません。


その問題について徹底的に調べ、その分野ではかなう人がいないほどの第一人者になることができれば、その分野に特化することができ、事務所の強みにもなります。日頃から判例の勉強をしているのであれば、その知識を実践で生かします。実践なき理論ほどむなしいものはありません。


勉強→実践→勉強……のサイクルを回す癖をつけていくことが大切です。

実践と勉強のバランスを大事にしてください。


判例は、問題が起こったときに、対応策を検証するために用いる場合が多いでしょう。

私は、社会保険労務士で労働分野の専門家ですが、労働審判や訴訟事案などがある場合には、判例を参考にし、対応策を練っていきます。重要なのは、調べようとする判例がどこにあるのか、どこを検索すれば出てくるのかを把握していることです。自分の頭に常に判例がぎっしりと詰まっている必要はありません。

「何年何月の判例では、このように判決が下り、専門的見地からすると……うんぬんかんぬん……」

専門家同士の話であれば、それでもいいでしょう。

しかし、顧客に判例を詳しく説明しても、相手は素人なので、当然「？」となります。受け手側はあくまで「顧客」です。顧客目線でかみ砕いた説明ができなければ、せっかくの知識も水の泡になってしまいます。

顧客に**「簡単に説明」**できるように、難しい言葉を簡単な言葉に置き換える訓練を日頃から心掛けましょう。

8 一つの人脈の深掘りをする

一見アナログな方法ですが、人脈づくりは士業が生き残っていくために必要な、最先端かつ最重要課題と言ってもいいでしょう。

第2章5でも述べたように、HPやブログ、SNSなどITを駆使して集めた顧客よりも、いい筋の人脈から紹介された顧客は、やはり信頼のできる良い顧客なのです。

遠回りなように見えて最も効果的なのは、一つの人脈を深掘りして、太く深く付き合うことです。意味のない名刺交換だけの異業種交流会に参加する、広く浅い人脈づくりは今すぐにやめましょう。

開業初期の人が陥りやすい失敗は、「会った人」から仕事をもらおうとすることです。

1人には、50人のネットワークがあると言われています。ですから、「その人自身から仕事をもらう」というよりは、**「その人が持っているネットワークの中から困っている人**

を紹介してもらう」という視点に切り替えた方が良いでしょう。

ただ、漠然と待っているだけでは、いつまで経っても紹介してもらえません。

人脈を紹介してもらうためには、まず自分がその人にとってどのようなことを貢献できるかを考え、それを実行に移し、喜んでもらうことが必要です。

また、会った回数、会った時間の長さ、会ったときの時間の過ごし方の充実度に比例して、その人の人脈から紹介してもらえる確率がグッと上がります。

人間の行動パターンについて、社会心理学者のザイアンスが提唱した「ザイアンスの法則」があります。

1　人は知らない人には攻撃的、批判的、冷淡に対応する
2　人は会えば会うほど好意を持つ
3　人は相手の人間的側面を知ったときに好意を持つ

ここからわかることは、「良い人間関係をつくるには、1人と腰を据えて付き合う」ことが大切だということです。

では、どのような人と付き合うべきかというと、お互いに刺激をし合える人、成長し合える人、自分に持っていないものを持っていて勉強になる人、前向きな人、行動的な人、と付き合うと良いでしょう。

「すご過ぎて自分にはとうていお付き合いできない人だな」と思う人に、勇気を振り絞って積極的に声をかけてみるのも面白いかもしれません。

1人の人脈ができたら、自分が持っている人脈から役立つ人を繋いであげてください。これを自分が意識して取り組むことで、紹介した人からも人脈を紹介してもらいやすくなります。**「人脈共有」**の意識です。

うまく人脈の共有ができたのであれば、双方から感謝されます。自分が動かなければ決して結ばれることのなかった人の出会いですから。

感謝されるだけでなく、さらにより多くの人脈を紹介してもらえることでしょう。

私がこの仕事をしていてつくづく思うのは、人は一人では生きていけないということです。見えないところで誰かに支えてもらって生きていることを肝に銘じる必要があります。

9 一番の近接士業以外から紹介してもらう努力をする

あなたの資格に一番近い士業は、どの士業でしょうか？

社会保険労務士に一番近い近接士業は、税理士です。税理士から紹介を受けている同業者はたくさんいます。

突然ですが、質問です。社会保険労務士が、税理士からの紹介が途絶えたらどうしますか？

答えは、税理士の紹介が途絶えた場合を想定して、他士業・会社・知人から紹介してもらえるように努力することです。むしろ、近接士業からの紹介がなくても経営できるくらいの余裕がないと事務所は安定成長していきません。

〈近接士業からの紹介の例〉

- 税理士（からの紹介）→労働保険の申告・給与計算など→社労士
- 弁護士（からの紹介）→離婚問題→相続→税理士
- 社労士（からの紹介）→労働裁判→弁護士
- 税理士（からの紹介）→会社設立→司法書士、行政書士
- 弁護士（からの紹介）→特許→弁理士

たとえ**これらの紹介がまったくなくても、別の紹介を受けられる体制をつくる！**ことが重要です。

私は、開業当初、一番の近接士業の税理士から、ほとんど紹介はありませんでした。しかし、他のネットワークを強化することで、他の人脈（当初は、起業家のネットワークや友人関連など）から紹介をいただき、開業当初を何とか乗り切ることができました。税理士からの紹介があまりにもないため、半ば意地になっていた部分もあったことは否定できませんが……。

もちろん最近では、税理士からの紹介も増えています。ただ、頼り切る意識は捨て、さまざまなネットワークを広げる努力をしています。

ネットワークを広げると同時に行わなくてはならないのが、事務所が「誰に」「何の」サービスを提供しているのか、アピールの仕方を考えておくことです。

紹介をいただいても、「何をしているのですか？」「え〜っと……」では、せっかくのチャンスが台無しになってしまいます。

また、私は社会保険労務士ですが、直接的に関連性の薄い司法書士や弁理士の方ともお付き合いさせていただいています。

司法書士は、直接の業務の関連性は薄いですが、中小企業の社長や税理士とよく繋がっています。仲良くさせていただくことで、知り合いの社長や税理士を紹介してもらえる可能性が高まります。

人のご縁は不思議なもので、どこで誰が繋がっているかわかりません。ひょんなご縁からお客様を紹介されることも往々にしてあるのです。従って、どのようなご縁であっても、人との繋がりを大事に育んでいく必要があります。

紹介をいただいたら、丁寧でスピーディーな仕事が要求されます。紹介してくれた方の顔を潰さないように、細心の注意を払いながら仕事をしていきましょう。

また、紹介してくれた方には必ず結果について一報を入れるとともに、自らも紹介する意識を持ちましょう。

※本稿では、近接士業間で発生する「業際問題」については特に触れず、広い意味での協業など（アライアンス）や紹介の目線で記載しています。

10 助成金のみのスポット案件は断る

社会保険労務士の業務の中には、「助成金申請業務」があります。

私の事務所では、このスポットでの助成金申請案件は、100パーセントお断りしています。

なぜ、スポットでの助成金申請案件を受けないのか？

答えは、「業務に継続性がなく、時間がかかるから」です。常日頃顧問として関わっていれば、社員情報を把握しているので、適切な申請が可能となります。

しかし、スポットですと、その都度一から情報を集め、実態を把握しなければなりません。私と職員の多くの時間が助成金申請に費やされ、本業の顧問先様にも迷惑をかけてしまいます。

さらには、スポットでせっかく依頼をしてくれたお客様にも、調査・作成のために長い時間お待たせしてしまう可能性が高いため、丁重にお断りをしています。

ですから、金額が高く、メリットがあるとしても、助成金申請業務は行っていません。助成金申請に明るい社会保険労務士にお願いしてもらうように案内しています。

ただし、継続的に顧問としてサポートさせていただいているお客様には、助成金申請のサポートを手厚くさせていただいております。

ここでの教訓は、**「受ける仕事」**と**「受けない（受けられない）仕事」**を明確に区分するということです。

どの士業であっても、得手不得手は当然あります。当初は実態把握のため、スポットでの申請を受けてみるのも一つの手です。しかし、自分の合わないものも含めて全ての依頼業務を受けていたのでは、業務効率が低下するばかりか、既存顧客への信頼度低下にも繋がりかねません。


ところで、以前から指摘されていましたが、助成金申請にあたり、不適切な業者が横行しております。

厚生労働省からは、「雇用関係助成金の申請や、助成対象の診断及び受給額の無料査定をするといった記載の書面を一方的に送付（FAX）することによって助成金の活用を勧誘する業者の情報が寄せられています。厚生労働省や労働局・ハローワークでは、このような勧誘に関与している事実はありませんので、十分に御注意ください」と注意喚起をしています。

平成29年11月には、全国社会保険労務士会連合会からも不適切な営業代行サービス会社との提携の禁止に関する注意喚起がなされています。

不適切な業者にそそのかされて、専門士業の社会保険労務士が手助けをしていたのであれば、一大事になります。申請を認められた専門士業としては、職業倫理に照らして、適切な助成金申請を心掛けたいものです。

回コラム回

身だしなみに最大限気を付ける

士業のあなたは、対「人」に接する機会が多いため、人に見られる商売であると言っても過言ではありません。

私は開業当初、身だしなみにあまり気を使っていませんでした。

スーツは擦れ、靴もボロボロ、ネクタイも糸がほつれていました。髪はぼさぼさ、髭も伸びっぱなし、黒いスーツに白い靴下の組み合わせ、爪は伸び、鼻毛も出ている……。

自分で言うのもなんですが、誰がこのような士業に仕事を依頼するでしょうか（笑）。今の私ならば絶対依頼しません（昔契約していただき今日までお付き合いいただいている皆さん、本当に感謝いたします）。

会ったときの印象で、不快感を与え、「人に気配りができない人なんだ」と思われた時点で、ビジネスチャンスはなくなってしまいます。

身だしなみがしっかりしている士業の方はたくさんいます。反面、だらしのない格好をしている士業の方がいらっしゃるのも事実としてあります。

スーツやシャツは、高級でなくても構いません。
シャツはアイロンがかかっていて、パリッとしているのがポイントです。
要は清潔感があるかどうかです。
スーツはしっかりしていても、近寄ったら「臭かった」というのもＮＧです。

また、持ち物にも気を付ける必要があります。
カバンで10万円かかったとしましょう。
「カバンに10万円？」と思うかもしれませんが、定期的にメンテナンスをし、大事に長く使えば、10年は余裕で使えます。メンテナンス費用は、数年に1回、修理に出せば3000～5000円程度で済みます。

1万円×10年と計算し、1年に1万円の投資（月に約833円の投資）で、お客様訪問時にしっかりしたカバンで訪問できることを思えば、決して高い投資ではありません。

とある場所で、顧問先（今は契約しておりません）の社長に、「俺が払った顧問料でそんな高級なカバンを買って！」というお言葉をいただきました。残念ながらビジネスと投資を認識されていらっしゃらないのだなと感じました。

私がお手本とさせていただいている士業の先生方は、良いカバンや良い靴をお持ちですが、とても大事に長く使用されています（10年以上愛用されています）。

身だしなみがしっかりしているということは、「いつでも臨戦態勢ですよ」という対外的な姿勢・熱意でもあり、差別化の一要因になり得ます。

自分がどうかではなく、他者がどう思うか、すなわち「他者認識」の視点が重要なのです。

回**コラム**回　**電車で見送る場合は、最後までお辞儀をして見送る**

お客様と電車のホームで別れるときに、好印象を持ってもらい、良好な関係性を構築する方法があります。

自分がホームにいて、電車に乗るお客様を見送る場合を想定します。
①まずお辞儀を30度の角度で行います。
②プシューッとドアが閉まった段階で顔を上げ、満面の笑みで相手を見ます。
③電車が動き出したら、45度の角度でお辞儀をして電車の音が聞こえなくなるまで行います。

電車で見送るときに、相手が見えなくなるまで最後までお辞儀をして見送るのです。
別れ際は、急がずにゆったりとした気持ちで行うのが大切です。

私は合気道の有段者なのですが、合気道や武道には、「残心」という言葉があります。

「残心」とは、最後まで相手を思い、気を抜かない所作のことです。別れ際にこそ、最大・細心の注意を払い、気を送り続けます。

資格の名称に武士の「士」が付くあなた（われわれ士業）にとって、とても重要な心構えです。

実は、これを実践しているご年配の公認会計士や弁護士の先生がいます。私より年がだいぶ上なのですが、最初にお辞儀を目の当たりにしたときは衝撃でした。

しかも、年下の私にこの技を実践してみせたのです。その後、私がすぐに実践したのは言うまでもありません。

また、電車ではなく路上で相手を見送った際には、相手が50メートル離れてもお辞儀を継続します。

50メートル付近で相手が振り返り、こちらを確認したら、その相手はかなりの手だれです。

第4章

10年続く士業の実践方法
職員とブランディング編

1 誰を自分の事務所の船に乗せるか

事務所を運営し、安定成長したい場合、突き当たる壁があります。

それは、人の採用です。

自分1人の力では売上は一定の金額で頭打ちになり、業務をこなしてくので手いっぱいになります。日常業務で手が回らず新規の顧客が獲得できずに、既存顧客が減れば当然売上は下がることになり、負のスパイラルに陥ります。

事務所の方向性により、人を採用せず1人で行う方法ももちろんあります。

むしろその方がフレキシブルで、今の時代にマッチした事務所運営になるかもしれません。

しかし、事務所を安定成長させるためには、職員の採用が不可避になります。

人を採用する主な理由として、次の2点が挙げられます。

①職員を雇用すると、その分自分の時間ができ、経営に集中することができます。
②「三人寄らば文殊の知恵」のことわざが示す通り、人が集まればそれだけ知恵も集まり、仕事のスピードおよび幅が格段に上がります。

ジェームズ・C・コリンズの著書『ビジョナリー・カンパニー2』では、人材について次のように述べています。

「まずはじめに、適切な人を船に乗せ、そうでない人を降ろす。どこに行くのかが決まるのは、むしろその後」

「『何をするか』ではなく『誰とするか』から始めれば、環境の変化に適応しやすく、方向転換も容易にできる」


ここでのポイントになる「誰を船に乗せるか」ですが、どのような人選をすれば良いかというと、人柄を一番重要視します。誠実さが一番大事です。

次に重視すべきは、事務所の経営理念に賛同しているかどうかです。HPに掲載されている経営理念についてしっかりと確認してくる人を採用面接時に見極めて、積極的に採用すると良いでしょう。
経営理念がない場合は、事務所の方向性を面接時に語ります。賛同してもらえたら、それについてしっかりと自分の意見（どのように事務所に貢献できるか）を述べることができる人を採用していきます。

特に最初の採用が大切です。少人数だからこそ、最初の採用で事務所の成長が決定すると言っても過言ではありません。
職員の力も、他事務所との差別化の一要因になります。人の採用には臆病なほど慎重になることをお勧めいたします。

〈自分の事務所の船に乗せることができない人〉
- 事務所に未来があると信じられない人
- 事務所の方向性と逆に行こうとする人
- 仕事を怠ける人

残念ながらこれらに該当する方は、事務所としては歓迎できません。

ただし、採用面接の場で見分けるのはほとんどの場合不可能であるため、3カ月の試用期間中に適性を判断していきましょう。

また、すぐに採用できないからといって、焦ってはいけません。焦って事務所にとって適切でない人を採用してしまうと、事務所だけではなく、採用された人にとっても不幸になります。

また、有資格者が必ずいいとは限りません。資格はなくても、これから資格取得を目指していて、懸命に働こうとする人は必ずいます。一緒に歩んでくれる人と仕事をしていきましょう。

2 職員の人生を真剣に考え、キャリアプランを設計する

所長は、自分の事務所に就職してくれた職員の所内における今後のプランを考えるのはもちろんですが、「職員の人生」を考慮した上で道筋を示してあげることも仕事になります。

就職してくれた当初から数年後や退職時のことを考えるのは……と思われるかもしれませんが、とても重要なことです。

〈士業事務所に勤める職員のキャリアの一例〉

- 事務所に継続して残る
- 独立開業を目指す
- 事務所でスキルアップをし、一般企業などへ転職する

- ジェネラリストを目指すのか（一般企業の法務、労務、会計・経営部門）
- スペシャリストを目指すのか（事務所で専門性の高い仕事）

長く勤めてもらいたい気持ちはありますが、転職を考えてもらうのも一つの方法です。しかし、一つの事務所で最低でも3年は勤める気概や根性がないと、他に転職をしても同じように長く続かないことになります（転職→退職を繰り返すことになります）。

逆に、長く事務所に勤めてもらうためには、長く勤めてもらうための環境づくりが必要になります。つまり、給与面の条件や福利厚生の充実などが大切になります。つまり、独立よりも、事務所にいた方が安定して働けるという事務所にすれば良いのです。

職員が有資格者でない場合は、資格取得支援をして、将来の道を開く手助けをしてあげてください。

以下は、当事務所の福利厚生の中の一例ですが、このような「資格取得支援制度」を設けています。

- 通信制短期大学の学費半額免除制度（私が社会人学生として通っていた大学）
- 資格予備校　学費免除制度

※当事務所は、年齢・性別・学歴・国籍は不問です。

当事務所・求人サイト掲載文章

当事務所は働きながら学べる場。
社会保険労務士の資格取得を目指したい方には、
・通信制短期大学　学費（授業料）半額免除制度　※卒業時・当事務所指定校
・資格予備校　学費免除制度
を利用いただくことも可能です。
資格取得を目指しながら、当事務所で末永く活躍してください！

所長に職員を思いやる気持ちがあり、このような福利厚生制度をつくっていたとしても、「親の心子知らず」ではないですが、職員にうまく伝わらず、「他の事務所の方が給与などの待遇が良いから転職します」と言われる場合があります。そのときは、真意を確認し、慰留したとしても、無理に引き留めずに、今後の人生を精いっぱい応援してあげてください。「去る者は追わず」です。

退職するからには、個人個人でそれぞれ理由があると思いますが、所長のあなたの責任によるところも少なからずあるはずです。ですから、退職者が出た場合には、なぜ退職するのかを聞き出し、所長が至らなかった点を反省し、それを少しずつでも改善するように努めてください。

自分の事務所に合った独自の福利厚生制度を設け、運用することをお勧めします。自分の士業事務所で雇用を創出し、次世代の立派な法律家を育ててください。

3 職員の頼み事は手を止めて最優先にする

職員を雇用したとき、特に注意すべきことがあります。

誰かが頼み事をしたときに、あなたは、「忙しいから後で！」「もうちょっと待ってて！」と引き延ばしていませんか？

引き延ばし癖というのは身に染みついています。職員から頼み事をされても、ついつい先延ばしにしがちになります。

所長だから自分の仕事が最優先で、職員の頼み事は後回しでいい、ということには決してなりません。

「ちょっと待ってて」の一言で、職員の仕事の流れが止まってしまいます。「まだかな……」と待っている間の職員の気持ちを考えてみてください。

「待ってて」と言っておきながら、忘れる、というのは最悪のパターンです。

職員が気持ち良く働ける場所を提供するのが所長であるあなたの務めです。ですから、自分の手を止めて、職員の頼み事を最優先にしましょう。

当初の雇用はパートさんであっても、もちろん同様に対応します。

手を止めて対応することで、「自分は大事にされている」「自分の頼み事にすぐ動いてくれる」と、モチベーションアップにも繋がり、ストレスフリーになります。

また、自分が頼み事をした場合に、素早く動いてくれるようになり、事務所の業務の流れに好循環が生まれます。

「自分の代わりに仕事をしてもらっている」という職員への感謝の気持ちが重要なので

す。

職員があなたに頼み事をしやすいオーラを出すのもいいでしょう。頼みやすいオーラとは、すなわち「笑顔」です。

近づき難いオーラを出していてはいけません。当初の私がそうでした。終始ムスッとしていて、近づき難いオーラを出して、職員は頼み事を気軽にできなかったと思います。

頼み事をされた場合は、嫌な顔をせずに「笑顔」で対応するのがポイントです。

また、頼まれ事に対しての決断を早くすることで職員の信頼度も格段に上がります。

所長であるあなたが、忙しいのは当然です。3回に1回、2回に1回……と、職員の頼み事にすぐに応える頻度を上げていきましょう。

〈事務所所長の頼まれ事ベスト3〉

①書類の押印

②仕事の決断

③仕事の相談事、質問

書類の押印は、すぐにできるため、手早く真っ先に片付けましょう。

「仕事の決断」とは、「正しい選択肢を導き出せる力」です。所長としての力量が試されますし、職員はしっかりと見ています。不断の努力も必要となります。

相談事は、良いことも悪いことも真摯に耳を傾け、じっくりと内容を聴きます。食事の場などを設けて親身に聴くことも重要です。

あまりに忙しく手いっぱいなときや、明らかに時間がかかりそうな頼み事の場合は、「10分後まで待ってもらえるかな？　急ぎの電話を済ませてからすぐ聴くよ」とワンクッション置くようにしましょう。

頼み事以外でも、日頃から気にかけてあげることが、職員のモチベーションに繋がり、事務所の成長にも繋がっていきます。

4 新聞・TV・情報誌などのメディアの効果

せっかく開業したからには、新聞やTVなどのメディアに事務所の取り組みを取り上げてもらいたい、有名になって顧客を獲得したいと思う方も多いかと思います。

第2章4でも取り上げましたが、メディアに取り上げてもらうためには、自らの仕掛けが必要になります。計画的・戦略的に取り上げてもらうのです。

メディアに取り上げられるのは、それなりの理由があります。

HPやブログ、メルマガなどで、**タイムリーで旬なテーマについての情報発信**をたくさんしていることです。こうすることで、メディアの目に留まる確率は格段に上がるでしょう。

よく、「メディアに取り上げられることが多くなったら、顧問先が多くなり、売上も上がりますよね?」という質問をいただきますが、そのようにプラスに働く場合ももちろんありますが、残念ながらメディアに出て有名になったからといって、顧問先が増え、売上が上がるわけではありません。

メディアに掲載されたら、そこからが勝負です。

「新聞見ましたよ！　すごいですね！」と声をかけられ満足するのではなく、メディアに掲載された時点をスタートとし、さまざまな展開をしていくのです。

取り上げていただいた記事や、自分の執筆記事をＨＰやブログなどに掲載することで（場合によっては掲載元に掲載可能か確認が必要）、さらなる相乗効果をもたらします。そこに詳細な掲載情報があれば、メディアの信用度もさらに上がり波及効果が望めるでしょう。

また、記事の内容を取引先や顧客に配付すれば、認知度・信用度向上はもちろんのこと、情報提供のツールとしても役立ちます。

執筆記事があれば、セミナーなどで配付すれば、即セミナー資料として有効活用できます。

メディアに掲載されたからといって、何かが起こるわけではありません。

有名になったとしても、継続性がなければ、それこそ一瞬で大衆の記憶から消えていきます。また、メディアに出たからといって有名人になれるわけでもありません。

仮に有名になったとしても、法律専門職の本分を忘れてはいけません。

私は、開業当初は時間もあったので、メディア戦略も取っていましたが、一定の効果がわかってきたため、現在は精力的には行っていません。

それよりも左記のことに集中した方が良いというのが、10年以上継続してきた上での結論です。

・顧客にしっかりとしたサービスを提供すること

・顧客との関係は永続的なものではなく、減るということを念頭に、顧客を増やすことに主眼を置くこと

自分の目指すべき方向性をしっかりと見極めた上で、具体的な行動に落とし込むことが一番重要なのです。

5 ロータリークラブ、商工会議所など各種団体への参加

各種団体へは、一つ二つは加入をお勧めします。

私自身も実際に参加してみたり、他の方々の話を聞いたりしていると、かなりの数の士業の方々が参加しているのがわかります。

自分と同程度もしくは、経営がうまくいっていない人たちとの傷のなめ合いとして参加するのではなく、自分より立場が上の方であったり、経営の大先輩が多い会に所属することで多くの学びを得ることができます。

団体に所属することで仕事に繋がる可能性はありますが、それを期待してはいけません。あくまで経営者としての自己研鑽の場として活用します。

百戦錬磨の経営者が参加している場合も多いので、神経を張り詰め、仕事にも緊張感が生まれ、きびきびと動けるようになります。

また、このような場では、先輩たちの立ち振る舞いを間近で見ることができるため、自分が不足している点や至らない点を補うこともできます。その場で醸成された接客態度や立ち振る舞いは、見えない形で顧客にも伝わります。

特に士業は「先生」と呼ばれることが多く、いつの間にか天狗になっている場合があります。こういった場で鼻っ柱をへし折られる経験も必要です。

各種団体に参加すると、開催セミナーなどでさまざまな職業の方の話を聞けるチャンスがあります。

また、自分とは別の業界の方々やご年配の方々と、仕事の枠を超えた友人関係を築くことも可能です。

入会には、厳しい審査基準がある場合もあります。

例会・セミナーなどは、月1回～月3・4回と、加入する会によってまちまちです。

入会金や年会費が高い場合もありますので、無理のない範囲での加入をお勧めいたします。

慣れてくると役目を任されるようになりますので、断らずに引き受けましょう。

私は、現在ロータリークラブ（東京赤坂ロータリークラブ）に加入させていただいているのですが、加入して良かったと心から思っています。

加入して良かった点は、普段であれば接することができない人生の大先輩たちと出会うことができ、敷居はとても高いですが、同じ場を共有できていることです。活動をする中で、自分の至らなさをリカバリーしてもらっていると感じ、その反省点を仕事で生かすことができています。国籍・年齢・性別・職業にかかわらず公平に会員を受け入れていることも素晴らしく、短期間で自分が急成長できたと実感しています。

最近は、門戸を広く開いている団体も多いと聞きます。

地元や自宅近く、またご縁がありそうな団体のＨＰなどを確認し、面白そうだなと感じたらぜひ門をたたいて加入することをお勧めします。

主要経営団体、奉仕団体、社交クラブ一覧

商工会議所
青年会議所（JC）※40歳まで
法人会
ロータリークラブ
ライオンズクラブ
中小企業家同友会
経済同友会
経営者協会
盛和塾などの各経営者塾
各大学所属の会　など
※この他にもクローズドの団体は数多くありますので、チャンスがあれば参加をお勧めします。

6 セミナー講師は士業の本業ではない

タイトルにある通り、セミナー講師は士業の本業ではありません。

開業初期の士業者が陥りやすい誤りの一つは、「セミナー講師をすれば顧客が増える」「有名な商工会議所や大手シンクタンクでセミナーをすれば成功できる！」と思い込んでいるところです。

かつての私もそうでした。

受験時代の資格予備校のセミナー講師がとても輝いて見えました。この人たちは資格取得した上に、セミナーにも登壇し、「成功者なんだな」と感じていました。

そのような背景もあり、開業後は、セミナー講師をさせてもらおうと画策していたわけです。

私が商工会議所でセミナーをしたとき、担当者に会いに行って、提案資料を作って、事前準備を入念にして、本番を迎えて……、合計でいったい何時間かかったのでしょう。

お陰様でセミナーを組んでもらうにはどうすれば良いのかノウハウはできました。

もちろん、セミナーを行って集客に成功する人もいるでしょうし、セミナー講師をメインにしている士業の友人もいます。

セミナー参加から顧客へという動線をしっかり意識して行えば、もちろん集客も可能でしょう。

セミナー講師を行うとなると、そのための勉強をしますので、多くの知識を定着させることもできますし、プレゼンテーション能力も格段に高まります。

しかし、セミナー講師はあくまでもサブ的な業務であって、本業には決してなり得ないのです。セミナー講師は、成長のステップを踏むための、あくまで「道具」と割り切ることが重要です。

セミナーによって集客を行うこと自体を否定しているわけではありません。

もし所長であるあなたがセミナーを行う場合、他の職員が顧客の業務をしっかりとフォローできる体制を取った上で行ってください。

原点に立ち返り、本来の士業の在り方を考えてみてください。

「顧客にしっかりとした法的サービスを提供する」ことが士業の本質です。

「今月は、どこどこのセミナー、来月は……」とやっていては、メインの業務はどうなるのでしょう。セミナーに時間を割かれ、本来の業務に支障が出ては本末転倒です。

セミナーに時間を投入したら、本業の時間が少なくなることは明白です。

顧客との1対1の業務、対話こそが、最も重要であると私は考えています。

自身の事業の本来の目的がどこにあるのか、いま一度問いかける必要があります。

セミナー講師や執筆などを行っていると、新聞社やTV局から声がかかることもあります。取材対応やTV出演も時として必要ですが、士業はタレントではありません。

TVに出ているタレント士業を見て、「いずれは自分も有名になりたいな」と思っている人は注意が必要です。その時間があるのならば、今抱えている大切な顧客の業務に目を向けてください。

図表4－7　当事務所・医療に特化したＨＰ

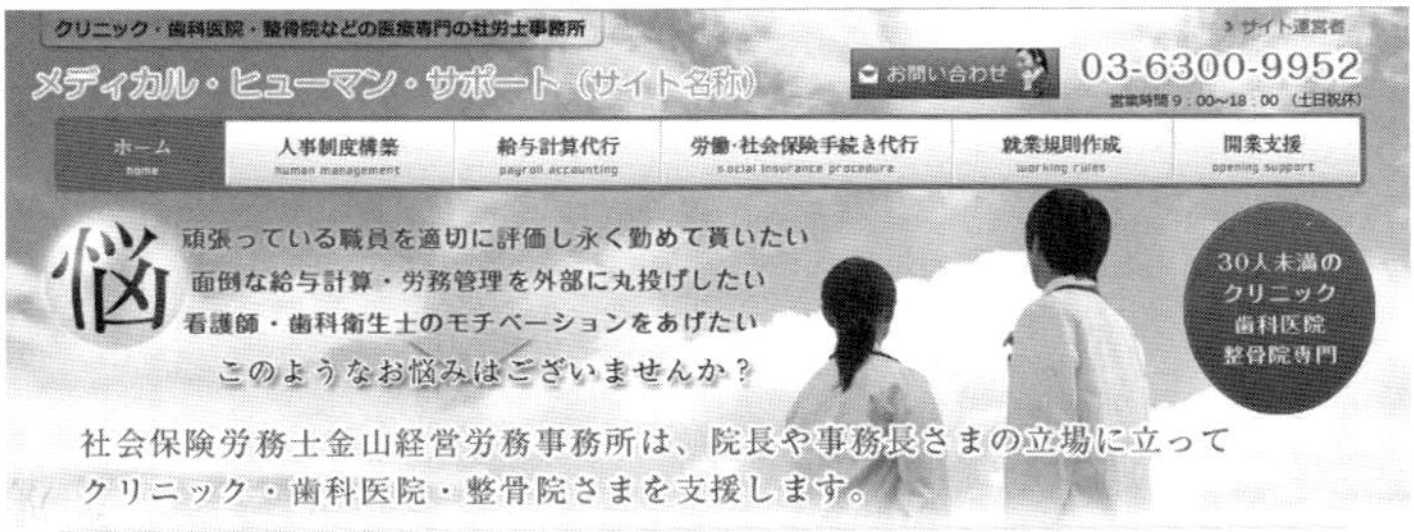

7 業種特化型に移行する

士業がターゲットにする企業の業種は多岐にわたります。ざっと挙げてみただけでも、ＩＴ、医療、建設、不動産、飲食、運送、製造、販売、出版、アパレルなど、たくさんの業種があります。

この中からターゲットを一つに絞り、事業を展開していきます。

私の事務所では、医療に特化して展開しています（図表4－7）。

病院、クリニック、歯科医院、整骨院、動物病院、薬局、バイオベンチャー、バイオコンサル、バイオ関連機器製造・販売、美容エステ（整体）と、幅広い医療関連の顧客を抱えています（気が付けば広がっていました）。

第6章で取り上げる税理士の高瀬智亨先生は、整骨院にターゲットを絞り、成功されています。

ターゲットを絞ることによるメリットは、その業界のノウハウや事例を数多く集めることができ、サービスの質の向上や提供スピードに差をつけることが可能になることです。


ターゲットを絞って展開していくにあたり、ポイントが3つあります。
①ターゲットとする業界の簡単な下調べ（調査）をする
②その業界ですでに展開している他士業と組む（展開スピードが速くなる）
③まずは1社、ターゲットとする業界の仕事をし、その仕事を一生懸命行い、ノウハウを蓄積する

まずは、ターゲットとする業界の調査をし、業界全体が発展、または横ばいしている業界を選びましょう。

次にその業界ですでに展開している他士業とアライアンスを組めるか検討します。最初

はなかなか難しいですが、自分に提供できるノウハウや相手側に組むメリットがあれば可能性も広がります。

そして、その業界の1社と仕事を行い、ノウハウを蓄積し、事業を展開していきましょう。業種に特化できれば、他との差別化ができ、生き残る確率も上がります。

業種表一覧（一部）

IT、医療、建設、不動産、飲食、運送、製造、販売（卸売、小売）、出版、アパレル、宿泊、介護（福祉）、サービス業、金融・保険、教育、農業　など

どのような業種があるかを調べたい場合は、『会社四季報　業界地図』を参考にすると良いでしょう。

自信がつけば、

- 歯科専門の税理士
- 運送専門の社労士

・不動産専門の弁護士……

と展開していくことが可能です。**「誰に」「何を提供するのか」**を明白に展開してください。

お勧めするのは、業務とは別に、その業界の勉強をすることです。例えば、歯科であれば歯科医師の業務の他に、歯科衛生士・歯科助手・受付・事務など、その業界がどのような人の構成で成り立っていて、専門用語のＰＭＴＣという言葉の意味は何で、診療報酬の仕組みはこうで……、といった具合に勉強します。

その業界の経営本を見ておくのも参考になりますのでお勧めします。

8 安売り士業の戦略と実態

事務所運営において、サービスの優位性を確立させる戦略としては、

①サービスの内容（何を提供するのか）

②サービスの価格（いくらで提供するのか）

③サービスの提供方法（どうやって提供するのか）

の3つの柱があります。これらをうまく組み合わせるか、またはどれかを突出させて戦略を立てていきます。

②の**価格**に焦点を絞り、「低価格戦略」を取る場合も考えられます。

現在、インターネット上では、「税理士顧問料数千円」や「社労士顧問料無料」「過払い金着手金無料」などの謳い文句を見かけることがあります。各士業において報酬規定が撤廃されたからです。

価格競争が自由になった時代において、低価格戦略も一つの方法であると思います。

しかし、その広告が誇大広告になったり、広告に掲載している費用と実態がかけ離れている場合は注意が必要です。

明確な報酬体系、すなわち、顧問料以外に年間でかかるその他の費用がいくらになるのか、サービスをどこまで対応するのか、なども含めて見極めておく必要があります。

大きな規模の事務所であれば、「規模の経済性」のように、大量に受注して処理するような戦略も可能です。事業規模が大きくなるほど、単位当たりのコストが安くなり、競争上有利になるという意味です。

しかし、体力のない中小事務所が、やむを得ず同様の戦略を取った場合、体力を消耗し、大きな事務所に競り負けて疲弊してしまいます。

中小事務所が現実的に取れる戦略で、しかも安定成長が望める効果的な方法は、

「きちんとしたサービスを提供し、それに見合った報酬をしっかりともらう」

ということです。

しかし、結果として安売りになる場合もあります。

「顧問契約してあげるから安くしてよ」「お仕事依頼するから他社より値引きしてちょうだい」と依頼される場合があるからです。

状況によっては、値引きを受ける場合があってもいいですが、断る勇気も必要です。

開業当初は、経営が苦しくてついつい手を伸ばしてしまいますが（伸ばしてもいいのです

が）、タイミングを見計らって値上げをする勇気も必要です。

安売り戦略は、状況にもよりますが、多くの場合は取らないことをお勧めします。逆に高額の依頼であっても、法に違反するような要望をしてくる方は断固として断る勇気が必要です。

第5章

これからの士業の未来と戦略

1 ＡＩの進展による士業の未来予測

ＡＩの進展により士業の仕事が奪われる可能性が高いとされています。

オックスフォード大学（イギリス）と野村総合研究所の共同研究（２０１５年12月公表）では、「ＡＩによる代替可能性の高い職業」で、３つの士業が、代替可能性90パーセント以上、それ以外の３つの士業が75パーセント以上となっています。

特に行政書士、税理士、弁理士の業務が代替可能性が高いとされています（図表５－１）。すでに、「Freee」などの会計ソフト、商標登録サービスの「Cotobox」などがサービスとして出始めています。

ＡＩの進展で士業の仕事がなくなるとされていますが、どのような仕事にもヒューマンスキル、すなわち、「人間対人間」の対話の中で答えや結論を導き出す力が必要になります。

生存競争が熾烈になるのは間違いありませんが、10年後に会計士・税理士の仕事がなくなるとはとても思えません。理由としては、「自動化される業務」と「自動化できない業

図表5－1　難関とされる士業の多くがＡＩに代替されかねない

士　業	ＡＩによる代替可能性	資格試験の合格率	主な業務
弁護士	1.4%	※25.9%	訴訟代理などの法律事務
司法書士	78.0%	3.9%	登記や供託に関する手続き
弁理士	92.1%	7.0%	特許などの出願・登録手続き
行政書士	93.1%	9.9%	官公署に提出する書類の作成
公認会計士	85.9%	10.8%	財務書類の監査・証明
税理士	92.5%	15.8%	税務書類の作成や税務相談
社会保険労務士	79.7%	4.4%	労務・社会保険に関する書類の作成
中小企業診断士	0.2%	3.4%	中小企業の経営コンサルティング

(注) ＡＩによる代替可能性は2015年12月公表の、野村総研と英オックスフォード大との共同研究による「10～20年後に、ＡＩによって自動化できるであろう技術的な可能性」。資格試験の合格率は※が2017年、その他は2016年。中小企業診断士の合格率は１次試験と２次試験の合格率を乗じたもの。

〔出典〕日経新聞

務」に分けられるからです。

人の手で伝票を書く、仕訳を会計ソフトに入力するといった作業は価値を生まなくなるでしょう。しかし、伝票の仕訳が自動化されたとしても、自動化するＡＩを専門家の見地で乗りこなせばいい話ですし、自動化で導き出された答えを元に、さらに内容を詰めることも可能です。

代替可能性が低い弁護士（１・４パーセント）、中小企業診断士（０・２パーセント）は安心かと思われがちですが、逆に注意が必要です。なぜならば、多くの判例から瞬時に最適解を見つけ出すといったサービスを誰もが利用できるようになった場合、大幅なコスト削減が期待できるからです。中小企業診断士の場合は、弁護士・税理士・社会保険労務士など、下手したら全ての士業が経営コンサルティングに対応可能だからです。

また、ＡＩは、杓子定規に「ＹＥＳ」「ＮＯ」を判断する複雑な解や、税務・労務でいうところの「落としどころ」を判断するのは難しいと考えられます。

ＡＩのディープラーニング（深層学習）のスピードも侮りがたく、「落としどころ」の解をＡＩが導き出す未来も案外早いかもしれませんが、最終的には人の目で確認し、その結果を踏まえてコンサルティングすることが絶対に必要です。

〈ＡＩ時代の士業のポイント〉

①ＡＩをうまく使いこなす

ＡＩを使いこなせない士業が淘汰されていきます。ＡＩ化の波に乗り遅れないように、日頃からアンテナを張っている必要があります。新しいものを真っ先に取り入れる姿勢が大切なのです。

②対人能力・コンサルティング能力を磨く

記帳代行、領収書仕分け、給与計算、単純な書類作成といった業務は淘汰されていきます。人と対話し、解決に導くスキルが今まで以上に必要不可欠になってきます。

「不易流行」の言葉が示す通り、「変わるもの」と「変わらないもの」を見極めて柔軟に対応していきましょう。

2 デジタルよりアナログでの集客・接客で勝負

インターネットやＡＩのデジタル時代だからこそ、これまで以上にアナログでの対応が必要不可欠となります。

インターネットを駆使した集客は、ＨＰやツイッター、フェイスブック、メールマガジンなどを用いて見込み客にアプローチを行います。対面に比べるとコストと時間をかけずにできるため、土台さえつくってしまえば、一見楽に見えます。

しかし、経験の乏しい、ましてやインターネット集客を行ったことがない士業がいきなりデジタルを駆使して集客しようとしても、要領がわからないので、簡単ではありません。

また、10年前に比べるとインターネットでの集客は競争が激しくなっていますので、なかなか効果が出にくいでしょう。

もちろん、アナログでの集客・接客と合わせてデジタルでの集客・接客を併用していく方法もあり、私も実践しています。


本書ではすでに、人脈形成や対人対応といったアナログな方法に主眼を置いて掘り下げて説明してきました。

私は士業のなかでは若い世代に入り、デジタルを使える方ですが、デジタルよりあえてアナログにこだわり続けています。接客においては、特別なことがない限り（先方が望んでいる、海外とのやりとりなど）、メールやチャットなどよりも、**直接の対面**、**直接の電話**に主眼を置いています。アナログ集客・接客は、個人の努力・創意工夫により、いくらでも可能性を伸ばすことができます。

人脈などを介した集客のポイントは４つあります。

①紹介してもらうより、紹介することに主眼を置く
②対象相手の喜びそうな情報をいつでも準備しておく
③１人とできるだけ長い時間、一緒の時間を共有する（１対１の飲みやゴルフなど）
④１人とできるだけ多くの回数会う

開業当初は、仕事がありませんので、自分の仕事を増やすので頭がいっぱいになり、「○○士をやっています。要望がありましたら、紹介よろしくお願いします」としがちです。このようなやりとりでは99パーセント仕事の依頼は来ないでしょう。なぜなら、相手の目線に立っておらず、自分目線で物事を考えているからに他なりません。そうではなく、自分から、顧客になる可能性のある人に仕事を紹介するのです。

繰り返しますが、アナログ集客・接客では、**直接対面・直接対応を重要視します**。何かごちそうになったり、貴重な時間を割いてしまった場合のお礼は、翌日に電話で連絡します。特に相手の都合に合った時間帯に電話をします。

最近は電子申請が普及しており、当事務所においても8～9割程度は電子申請で対応可能です。しかし、状況によっては、あえてアナログの紙で書類を作成し、顧客の会社に訪問し、書類について説明を行い、積極的な対話を心掛けています。

直接の対話でしか聞けない、生の顧客の悩みや問題点が必ずあるためです。

何か問題があれば、すぐに飛んでいく姿勢を顧客に示し、礼儀を重んじ、心を込めることが重要です。

アナログでの集客・接客は、代表であるあなたという個人レベルから事務所レベルに発展させることができれば、事務所の大きな強みに変えることができます。**小さな差別化の積み重ね**が事務所の大きな強みになるのです。

3 働き方改革が士業にどう影響を及ぼすか

２０１８年執筆現在、注目を集めている働き方改革。いろいろな施策がありますが、**働きやすさ、生活しやすさ**に焦点を絞って改革していきましょう、というものです。

働き方改革というと、目新しい働き方が注目されがちですが、労働時間管理の基本をしっかりと押さえて、**長時間労働の抑制**や働き方を見直してみることが重要になります。１９８７（昭和62年）年の労働時間改革（労働時間週48時間→週40時間に）、フレックスタイム制の新設に比べると、インパクトの少ない改革であり、既存の枠組みの中での改革となります。

いくつか要点はありますが、主なポイントは、次の通りです。

- 長時間労働の是正（労働基準法改正）
- 非正規雇用の処遇改善（同一労働同一賃金）
- 賃金引上げと労働生産性向上
- 柔軟な働き方がしやすい環境整備　など

特に、長時間労働の是正に関する労働基準法改正には、36（さぶろく）協定の上限規制、年次有給休暇の取得促進や月60時間を超える時間外労働に関する割増賃金率の中小企業への適用など、内容は多岐にわたります。

働き方改革が士業にどのように影響を及ぼすかというと、大きく2つの点に分けられます。

①顧客へのコンサルティング
②自事務所における働き方改革（働きやすい職場づくり）

①は、働き方に関する社内での取り組み（組織改革）、労働基準法改正に伴う法令順守が挙げられます。

働き方に関する改革なので、当然ながら一番影響があるのは、労働関連の専門家である社会保険労務士です。

その他の関連士業では、

- **弁護士**：労働法専門弁護士、企業顧問弁護士
労働法改正に伴うコンサルティングなどが該当します。

・税理士：企業顧問税理士
経理処理・財務管理のＩＴ・ＡＩ化の提案などによる生産性向上提案などが該当します。
・中小企業診断士：企業顧問中小企業診断士
社内組織マネジメントまで手掛けている場合は、施策計画・立案・実行サポートなどが該当します。

関連士業は、これらの問題点や課題点のコンサルティング・手続きなどを手掛けていくことになります。

働き方改革・施策の一例
ノー残業デー、週４日勤務制、プレミアムフライデー、テレワーク、副業容認、生産性向上のための評価制度の見直し　など

右記、現状ある働き方改革の事例の多くは、大企業の事例です。それを、士業の顧客である中小企業に当てはめたコンサルティングが必要になります。

例えば、大企業や国が行っている「ノー残業デー」を例に見てみましょう。中小企業が導入したとして、**ノー残業デー導入→定時に会社の電気を消す→仕事を家に持ち帰る→結局は長時間労働・疲れが取れない**といったスパイラルに陥る可能性があります。

働き方の改善には、根底からの意識改革が必要となり、評価制度などの再整備が必要になります。このように中小企業の実態に即したコンサルティングが各士業には求められます。

②の自事務所における働き方改革については、例えば税理士事務所ですと、クラウド・AIなどを利用したシステムの導入などにより生産性向上を行い、職員の労働時間の削減→長時間労働の是正に繋げるといったことが考えられます。

4 士業のさらなる飛躍、これからは（より一層）世界基準で取り組む

「海外進出」「海外展開」「海外との取引」と聞くと、どのようなことを思い描くでしょうか？　大企業などが手掛ける案件で、中小の士業経営者にはあまり関係ないよ……と思

う方も多いと思います。

弁護士の世界では、日本の弁護士資格＋アメリカ（州）の弁護士資格（もしくは海外弁護士事務所と提携）を持っている方や、弁護士＋医師の資格を持っている方が現状でも数多くいて、近い将来高度な資格のダブルライセンスが珍しくない時代がやってきます。

しかし、必ずしもこのアッパー層を目指す必要はありません。

同時翻訳ソフトの目覚ましい発展で、ドラえもんの「翻訳こんにゃく」のような同時通訳に近いアプリもあります。

また、交通網の整備により、海外に行く時間が大幅に短縮され、海外がより身近になります。

海外との取引も、より簡単になり、中小の士業経営者が普通に海外業務を行う未来がすぐそこまで来ています。

私の事務所でも、韓国本国や中国本国から直接のご依頼が増えています。

現在ご依頼をいただいている中国企業は、本国で数千人規模の会社の日本支社です。当然ながら、私は中国語をまったく話せません。

知り合いの行政書士は、多くの海外法人設立支援を手掛けています。私同様、英語や現地語はまったく話せません。しかし、無料の翻訳ソフトを駆使し、現地とやりとりをし、業務をしっかりと完遂しています。

会計事務所の中には、日本から海外に進出を考えている企業に対し、現地での税務サービスを提供するため、現地オフィスを設けるといった事例も最近では増えてきています。アメリカの会計現地法人では、会計情報をクラウドに上げ、フィリピンで仕訳を行い、翌朝には仕訳の会計情報ができているといった、時差を使ったサービスを行っています。コストも大幅に削減でき、メリットも数多くあります。

現地の法律専門職と提携するのも面白いかもしれません。韓国で社会保険労務士と同様の資格は公認労務士となります。現地の本社の顧問公認労務士と提携し、日本支社の法人をこちらで受託し、互いの法制度のすり合わせをし、自社と法律に合った制度設計を行っていくのです。

考えられるだけでも、日本から海外への支店設立、海外特許支援、国際税務（現地に職員が必要な場合も多い）、国際訴訟、国際労務など、業務は多岐にわたります。先駆者として、途上国に法的サービスを導入するのも良いかもしれません。

中小企業の絶対数が減少している日本国内だけに目を向けていては生き残れません。海外進出や海外展開は、生き残るために必要な視点なのです。

できるところからでかまいません。まずは取り組みやすいアジアから手掛けてみると、見えてくるチャンスが必ずあります。

5 M&Aと士業

士業がM&Aに関わる場合、以下の2つのパターンが考えられます。

①事務所同士のM&A（事業承継含む）
②顧客のM&Aの支援

2つのパターンについて順に解説していきます。

M&Aとは、同業の士業、もしくは他士業同士が合併（買収）し、事務所の規模を拡大することです。

士業は、大事務所といえども一般の法人に比べると規模が小さいため、一般のM&Aと比較しても、そのM&A規模は小さいといえます。

主に、税理士や社会保険労務士事務所など、顧問契約を持ち、継続性のある士業が対象になります（弁護士事務所や特許事務所もあります）。

士業のM&Aは、所長が高齢になり事務所の存続が継続困難になった場合などに、適任者に譲渡や売却などをするケースが多く見られます。

最近では、M&A専門会社に依頼し、M&Aを行うケースも見られます。

M&Aを行うにあたってのメリットとデメリットは次の通りです。

〈メリット〉

①売上増

②規模の拡大

③成長の時間の短縮
④対応できる業務に幅ができる
⑤M&Aをした事務所のノウハウが手に入る

メリットとしては、売上が増加し、一気に規模の拡大が図れることです。通常、数年〜数十年かかかるところを、短期間で拡大することが可能になります。
また、対応できる業務に幅ができます。一例として、飲食業に強い事務所とITに強い事務所が合わさることで、事務所として両方の業務に対応できるようになります。

〈デメリット〉
①M&Aに伴う費用
②受け継がれる顧問先がどれくらい継続し、必要資金（M&Aに伴う費用のこと）を回収できるのかわからない
③両事業所の職員の間のコミュニケーションがうまくいかない場合もある
④相乗効果（シナジー）が得られない場合もある

デメリットは、M&Aに伴い費用が発生することです。費用は、主に顧問先の継続性や年間売上高を元に算出する場合が多いといえますが、ケースによって対応が異なります。一番の懸念点は、受け継がれる顧客の継続性と職員の問題です。受け継がれた顧客が1年も経たずに契約解除になったり、受け継いだ職員が退職したり、既存の職員と相性が合わないということになると、思うような相乗効果が得られません。

一方、ここでは、詳しく取り上げませんが、士業が顧客のM&Aに関わる場合もあります。M&Aに関するアドバイスや支援を行います。

M&Aにはデューデリジェンスという考え方があります。デューデリジェンス（DD）＝買収監査ともいい、買収対象企業の事業リスク、財務状況、人事情報などを調査し、買収にあたっての調査を行います。

各士業が行うのは、主に下記の通りです。

・**弁護士**：法務デューデリジェンス

- **税理士・公認会計士**：財務デューデリジェンス
- **社会保険労務士**：人事デューデリジェンス
- **中小企業診断士**：ビジネスデューデリジェンス
- **弁理士**：知財デューデリジェンス
- **不動産鑑定士**：不動産デューデリジェンス　など

最近では、M&Aの取り扱いに専門特化した士業事務所も多くなってきました。M&A市場の動向を見つつ、この分野に進出するのも一つの戦略となります。

6 事務所の形態は二極化する

今後、士業事務所の形態は徐々に二極化していくと考えられます。

日本税理士会連合会によると、2017年1月末～6月末までの半年間で、税理士法人数は74法人増加（3487法人→3561法人）しました。この間、税理士登録者数は40人ほど増加しているものの、伸びはいまいちです。

さらに２０１８年５月末には、税理士法人の数は３７５８法人にまで急激に増えています。事務所形態の組織化・大規模化を視野に入れている事務所が増えてきているということがいえるでしょう。

一概には言えませんが、事務所形態は、次の通り、小規模型と大規模型にシフトしていくと考えられます。

- 小規模型【個人事務所】
- 大規模型【法人事務所（本書では正社員20人以上～と定義）】

※士業の法人化は、１人からでも可能であるため、法人組織であっても小規模の事務所も数多くあります。

これから開業する人や、開業して間もない人が、大規模型に移行するのは、大きなリスクと、とてつもない努力・覚悟が必要になります。ですが、決して不可能ではありません。

そのためには、集客努力はもちろんのこと、組織構築にも力を入れる必要があります。

〈大規模型（法人化）のメリット〉
①大量案件処理が可能
②仕事の処理スピードが上がる
③全国に拠点を持つことができる
④複雑化・国際化の業務に対応できる

〈大規模型（法人化）のデメリット〉
①1社の単価が高いため、1社なくなると職員数人の雇用維持が困難になる
②しっかりと職員の教育を行わないと担当者によってサービスの質がバラバラになる

人数が多いため、数千人・数万人規模の会社の大量案件を複数人で担当し、処理することが可能になります。また、複雑化・国際化する案件についても多くの人材を抱えることで得意分野別（英語・中国語・韓国語対応など）に処理が可能です。大規模にすることで大企業から仕事を受注する機会も増えていきます。

〈小規模型のメリット〉

①1人か1人＋パートになったとしても柔軟に動ける体制である

②職員を雇用しないので気楽に仕事をすることができる

③撤退について早期に判断することができる

〈小規模型のデメリット〉

①大きな依頼があった場合に対応できない

②人数が少ないため、対応業務範囲、対応（訪問）エリアが限られる

小規模事務所は、大量案件の処理はできません。また、抱えられる顧客（顧問先）の数も限られます。従って、小規模事務所は、専門特化型に移行する必要があります。もう一つ、アウトソーシング型もありますが、こちらはＡＩの進展などに伴い、書類作成や記帳業務などの利便性が高まり、誰でも簡単に処理が可能になるため、徐々に失われていく可能性があります。

では、中規模型（10～20人規模）の事務所が生き残るにはどうしたら良いでしょうか？

この形態の場合、専門特化型とのバランス感覚が求められます。中規模事務所は、ある程度の規模の案件も受託できるし、機動力もあるため、まったくなくなることはないでしょう。しかし、アウトソーシング型（書類案件処理など）で人数を増やしている場合は、今後書類作成は簡素化・省略化されていきますので、早急に書類作成以外の柱となる業務を検討していく必要があります。


最後に、サービスの2つの型を確認しておきます。

①専門特化型　内訳（業種特化型、サービス特化型、コンサルティング型）
業種特化型は、先述した通り、建設、医療、ITなどの業種に特化する形態です。

サービス特化型は、会社設立や離婚問題など、サービスの分野に特化する形態です。

コンサルティング型は、コンサルティングに主眼を置き、経費削減コンサルティングや採用コンサルティングなど、日常業務に＋αした業務です。

②アウトソーシング型　書類案件処理、記帳業務、税務処理、給与計算処理など

第6章

各士業の成功実践術（インタビュー）

インタビュー 1 弁護士・湊信明先生（湊総合法律事務所）

①何を強みにしているか？

金山　本日は、お忙しい中ありがとうございます。先生の事務所では、何を強みにしていますか？

湊　企業法務が強みだと思っています。法律問題でなくても、社長が経営上お困りのことがあれば何でも相談をお受けするようにしていることが特長です。弁護士の中には、法律問題以外の依頼を断る人も多いと聞きます。私たちの事務所では、「法律から離れるな、法律にこだわるな」ということをモットーとして、法律問題以外のことでもお引き受けしますし、事務所で対応できないことは解決できるよう橋渡しをするように、適切な人を紹介できるようにしています。その取り組みがお客様の信頼に繋がり、事業が10年続くことに繋がっているのだと思います。

金山　企業法務を強みにしているとのことですが、具体的にはどのような業務があるのでしょうか？

湊　企業法務とは、労働問題、企業間のトラブル、債権回収、クレーマー対策、ガバナンス関連（株主総会・取締役会）などです。近時は退職に伴う競業避止義務や秘密保持義務に関する問題が増加しているように思います。

金山　最近ですと、企業法務に視点を移している弁護士は増えていますか？

湊　徐々に増えていると思います。

②売上を伸ばす、顧客を増やすポイント

金山　次に、売上はどのように伸ばしていったのでしょうか？

湊　紹介をいただくのが一番のポイントです。「事務所に行けば何とかしてくれる」というような関係性を構築できれば、たとえその場では依頼者にはならなくても、そ

のうち他のお客様を紹介してくれるというような状況が自然と出来上がってきます。

金山　なるほど。紹介は、既存顧客、他士業、お客様にならなかった人など、どこからの紹介が多いですか？

湊　**昔からの知り合い**が多いですね。昔の小学校・中学校・高校・大学、担任の先生との繋がりを大切にしています。担任の先生からの紹介は多いですね。

金山　昔の繋がりを大事にされて、今でも関係性を継続しているのは素晴らしいですね。

湊　**幼稚園の時の繋がり**（同窓会）も、今でも**卒園時のクラスの7割ほど付き合い**はあります。

金山　幼稚園の時の繋がりが7割ですか!?　それはすごいですね。

湊　はい。**進んで会の幹事なども引き受けています**。集まりをつくるのが好きなんです。私はどちらかというと人なつっこい方だと思うのですが、この業界で売上を伸ばすには**「人なつっこくあること」**がとても重要だと思います。

例えば、Googleで「自分の出身高校＋代表取締役」を入力して、高校同窓生の社長を検索して、会いに行って、山登りを一緒に行く、といった関係性をつくるようにしています。

金山　その積み重ねで、クライアントを200社まで伸ばされたのですね。私も見習わせていただきます。あとは、先生のお人柄もありますよね。

湊　いやいやいや……。

③士業としての心構え

金山　次に、士業としての心構えについてお聞かせ願います。

湊　**「濁流に棹差して、清節を持す」**というのが、基本的な心構えです。弁護士はまさに濁流の中で仕事をしています。相手によっては事件に巻き込まれていく場合もあります。そうした中で弁護士がリーダーシップを取って正しい方向に導いていくということが何より重要だと思っています。

金額をいくら積まれても、おかしいところは断る。顧客を失っても構わないから、毅然として正しいと思ったことだけを行うことを事務所の共通概念にしています。弁護士の力を悪い方向に使おうとする場合は、こちらからお断りしています。そこが最低限の心構えとしてありますし、事務所のコンプライアンスの原点です。

金山　初めて依頼に来たお客様は、どのような人か、裏表がある人かどうかわからないと思いますが、見分けるポイントはあるのでしょうか?

湊 大体最初から雰囲気でわかる場合と、わからなくて苦労した場合もあります。話をしていると、2回目、3回目で大概はわかりますかね。依頼者の本音を聞くために、あえて「相談料はいらないですよ」「当事務所で対応可能なのはここまでです」と言う場合もあります。

金山 開業当初は、「仕事を受任したい」「お客様を獲得したい」と強く思うと思いますが、少し目をつぶってでも危険性のある仕事を受けたことはありますか?

湊 無理して危険性のある案件を受けてしまったことはあります。正確には、仕事をしていく過程で後からわかったことではありますが、自分の脇の甘さを反省しました。それで、「濁流に棹差して、清節を持す」の心構えが何よりも重要だと思うようになりました。

あと、弁護士としての心構えを醸成するには、**弁護士会の仕事をすること**をお勧めします。その中で尊敬できる弁護士を持つと良いでしょう。

④これからの士業（ご自身の業界）の展望

金山　これからの弁護士業界の展望についてお聞かせください。

湊　弁護士は、「弁護士が余っている」「これから大変になる」などと言われています。もちろん、昔のように楽な商売ではありませんが、私はこれからの業界であると思っています。士業それぞれ「領域の拡大」が叫ばれています。弁護士でも、任期付き公務員やインハウスロイヤー（大企業などの勤務弁護士）、ＮＰＯなど、これまで弁護士が携わっていなかった領域にどんどん携わるようになっています。このような法化社会が広がっていくのは素晴らしいことです。

弁護士は、通常、紛争になってから訴訟の代理人などとしてお願いするものだと考えられています。しかし、本当は弁護士というのは、**紛争を未然に防ぐ予防法務**の視点、さらには**企業価値を高める法務**を行っていかなくてはならないと思っています。

金山　一段階目、二段階目、そして三段階目の企業価値を高める法務となり、これからの弁護士の新たな道となるのですね。

湊　そうです。横に領域を広げることも重要ですが、**領域を深める、価値を高める**ということがこれからの弁護士に求められる最も重要な要素だと思っています。

⑤これから独立する人、もしくは開業間もない人たちへのメッセージ

湊　開業当初はたくさんの不安があると思います。この業界は尻すぼみだといった、誤った情報に惑わされないことが重要です。取り組むべき課題はたくさんあります。その課題を発見したら、困った人たちに全精力を傾けていくといったことが大切です。関わった人の人生や会社の価値を高めるにはどうすればいいのかを真剣に考えていけば、大きな貢献ができますし、仕事はたくさんあります。

金山　大変参考になりました。本日は誠にありがとうございました。

インタビュー2　弁理士・山田強先生（あいぎ特許事務所）

①何を強みにしているか？

金山　本日はありがとうございます。早速ですが、山田先生の事務所では何を強みにしていますか？

山田　何を強みにしているかというと、答えに悩むところですが、士業は、サービス業だと思っています。ラーメン屋さんと比較して考えています。行列のできるラーメン屋さんと閑古鳥が鳴いているラーメン屋さんの違いは、結局のところ、お客様にこちらを向いていただけるかどうかだと感じています。

金山　弁理士の資格で開業し、従業員を数十人抱えて事務所運営されている方はなかなかいないと思いますが、強みや繁盛している秘訣みたいなものはあるのでしょうか？

山田　大前提として、**品質**があります。次に、**事務所の存在を「知ってもらうこと」**です。品質は他の事務所でも行っています。私たちは、知ってもらうような努力をしています。ほとんどが紹介や口コミです。営業は今までしたことはありませんし、やり方もわかりません。

金山　一定の成功をされている先生方の中には、営業活動をしていないという方も多いですね。紹介については、どういったところからが多いでしょうか？

山田　付き合いのあるお客様からの紹介が多いです。開業前のお客様からもありました。ある企業の知的財産部にいた方が転職をされて、依頼されることもあります。開業前に信頼があるか（いい仕事をしているか）どうかも重要です。

クライアントは、自動車部品メーカーや住宅メーカー、パチンコメーカーなどが多いです。

金山　先生は、開業されてから15年経過されています。現在は名古屋駅前に事務所がありますが、開業当初はどちらに事務所があったのでしょうか？

山田　**開業当初から名古屋駅前**に構えていました。

金山　開業当初から駅前に事務所があったのですか！　それはすごいですね。

山田　開業当初から人を採用する予定だったので、自宅開業ではなく事務所を構えました。先行投資で、「やるしかない！」と思って取り組みました。

金山　不退転の決意がお客様に通じたのと、「名古屋の地の利」＋「駅前の利便性」も功を奏したのですね。

②売上を伸ばす、顧客を増やすポイント

金山　売上を伸ばすポイントをお願いいたします。

山田　今ご依頼いただいている、**目の前のお客様の満足度を高める**ということです。それが、次の紹介、信頼に繋がります。大きい企業だと年間１０００件単位で特許の出願があります。そこは10～20の弁理士事務所に依頼していますが、知的財産部の方との良好な関係性を築けていればご依頼をいただけます。

金山　この地域の会社ですと、名古屋・岐阜近辺の特許事務所に依頼をすることが多いのでしょうか。

山田　はい。名古屋近辺の事務所に依頼することが多いと思いますが、大阪や東京の事務所にも依頼することもあると思います。

金山　地域性というか、名古屋に居を構えているのは有利に働いているのでしょうか？

山田　はい。そうですね。

金山　同地区に他の事務所もある中で、この規模の事務所になるのはすごいことだと思いますが、他の事務所も満足度を高めるために試行錯誤されているかと思います。それでも山田先生に依頼するのは何か理由があるのでしょうか？

山田　品質もありますが、件数を出したいお客様からすると、ある程度量をこなせる体制でないと対応できません。「これだけの量をお願いします」と言われたときに対応できる体制をつくっています。

金山　開業するにあたり、自己資金でするのか、借入でするのか、という選択肢がありますが、山田先生はどうでしたか？

山田　**全額自己資金**です。借入はしたことはありません。自分の所得が0になったことはあります。

金山　駅前に事務所を構えて、数十人の事務所にしたのに、全額自己資金でできたのは驚きですね。

③士業としての心構え

金山　士業としての心構えについてお願いいたします。

山田　サービス業だと思っているので、特に意識はしていません。弁理士の資格で開業しているため、**感謝の気持ちで会の活動**を行っています。社会貢献の一環として行っております。

金山　会の活動に参加されて、学びであったり、気付いたことはあったのでしょうか？

山田　それは多くありましたね。事務所の中で仕事をしていると見えないものも多く見えて、とても勉強になりました。

④これからの士業（ご自身の業界）の展望

金山　これからのご自身の業界の展望についてお願いします。

山田　弁理士の人数は増えていますが、特許の出願件数は右肩下がりで減っています。そのため、弁理士は生き残っていくのが難しいと言われています。しかし、士業はマクロ的に見ても意味はないと思っています。「これから少子化なので企業は減り、仕事数も減ります」という考え方は違います。仮に、逆のパターンで弁理士の人数が減り、特許の出願数が増えたとしても、**自分自身の努力で事務所の方向性が決まります。**

金山 最近言われていることで、一部、ＡＩの進展により弁理士の状況は厳しくなるという意見もありますが、こちらはいかがでしょうか?

山田 ＡＩは、何も脅威に感じていません。最終的には、成果物は提出する書類になりますが、それを作成する過程が重要です。人の目が入らないと、いい仕上がりにはならないためです。ＡＩの勉強会も昨年やりましたが、**ＡＩは結局プログラムにすぎないため、やはり人の目が必要です。**

⑤これから独立する人、もしくは開業間もない人たちへのメッセージ

金山 これから独立する人や開業間もない人たちへのメッセージをお願いいたします。

山田 いろいろな考え方がありますが、**「何のためにしたのか」**を大事にしてください。

金山 山田先生は、何のために開業されたのでしょうか?

山田　「理想的な特許事務所をつくる」ために開業しました。働いている人が「この事務所いいよね」と言ってくれる事務所です。また、当初から職員30人程度の事務所にしようとイメージしていました。「1～2人の事務所だとニーズには応えられない」ですし、「数百人の大事務所だと品質が維持できない。無理に決まっているだろう」と開業当初は言われていました。

金山　当初の目標通りに事務所を発展させ、まさに有言実行ですね。

山田　あと、「あいさつ」をしっかりするように心掛けていました。もう一点、これから開業する方にお伝えしておきたいことは、価格競争に入らないようにしてください。価格競争をするために開業するわけではないと思いますので……。

金山　安さではなく、サービスで勝負するということですね。本日は貴重なお時間ありがとうございました。

インタビュー3

税理士・高瀬智亨《のりゆき》先生（税理士法人フォルテシア）

①何を強みにしているか

金山　本日は、よろしくお願いいたします。先生の事務所では何を強みにしているのでしょうか？

高瀬　そうですね。開業しても、なかなか顧問先が増えないので、当初医療に**特化**しようとしていました。何かに特化しないとお客様に選んでもらえないと思っていました。たまたま小学校の友人が薬局に勤めていた関係で、徐々に医療系の顧問先が増えていきました。ただ、クリニックのドクターは開業まで時間がかかりますし、ここに目を付けているライバルも多いです。大型事務所に取られることもあります。そのため、**ニッチな分野**である整骨院にターゲットをずらしました。当初は反響も多くありました。しかし、徐々に反応は少なくなっていきました。つまり、その時代に応じた戦略を立てる必要がありますし、そうしないと生き残っていけないと思います。

金山 当初医療に特化しようとされていて、しかし医療といってもクリニック、歯科医院、整骨院、動物病院、薬局などさまざまありますが、その中でなぜ整骨院を選ばれたのでしょうか？

高瀬 たまたま整骨院2店舗が同時にクライアントになったからです。そのうち1店舗は売上が高く、もう1店舗は少なかった。成功している整骨院の売上が上がる要因やノウハウを、うまくいっていない他の店舗にも教えてあげれば喜んでいただけるのではないかと思いました。また、療養費の保険が特殊なので、勉強して対応できるようにしました。結果、200院まで伸ばすことができました。

金山 先ほど、その時代に応じた戦略を立てる必要がある、とおっしゃられていましたが、これからにおいての戦略はいかがでしょうか？

高瀬 **戦略にはおおよそ10年のサイクル**があると思っています。整骨院に特化して大体

10年です。それなりに成果は出ましたが、10年前のHPの反応と今の反応は全然違います。10年前は週1回問い合わせが来ていたのが、今は3カ月に1回の問い合わせという感じです。また、同じ市場に参入するライバルも出てきていることが挙げられます。

②売上を伸ばす、顧客を増やすポイント

金山 次に、顧客を増やすポイントについてお願いいたします。

高瀬 日々研究していることですが、どれがいいとは一概に言えません。**業種特化**というのも顧客を増やすポイントです。次にアピールして**認知**してもらうことが必要です。セミナー、チラシ、DM、ポッドキャスト、SNSなどありとあらゆることを試しました。

金山 可能性があるものは全て試されたのですね。すごいですね。

高瀬 ただ、それで良かったのか悪かったのかは結果次第になるのですが、試してみて、反応があった方法に集中して行うことが重要だと思います。メルマガならメルマガに集中する、ということです。

自分の場合、ＨＰが一番効果がありました。ＨＰは待ちの戦略で、いつお問い合わせがあるのかはわかりませんが、一番効果がありました。

③士業としての心構え

金山　次に士業としての心構えについてお願いいたします。

高瀬　士業だからこそ営業に歯止め（制約）がかかることもあります。ただし、税理士会の方針を意識して営業を行っています。

金山　私も、職業倫理を常に意識して、細心の注意を払って行っています。

高瀬　ＨＰの作成であったり、他の営業でも資格を汚すことなく行うように心がけています。士業という看板を背負いながら行動する意識を持ち続けています。

④これからの士業（ご自身の業界）の展望

金山　これからの税理士業界の展望についてお聞かせください。

高瀬　ＡＩにより税理士の業界も厳しくなる現実があり、避けられない問題であると思います。うまく活用しながら、共存しながら入り込んでいく必要があります。大体の想像はつきますが、まだ見えていない部分も多いと思います。
また、認定支援機関という制度もできていますので、金融（銀行）と連携しながらサービスを提供していく流れです。時代の流れに沿った会計の提供が必要です。マネーフォワード、Freeeなど、金融から会計に直接流れる形になってきていますので、どう活用しながら行っていくのか、課題はたくさんあると思います。

金山　これから10年先を見据えると、記帳業務は徐々になくなっていくと思います。その中で、税理士の展望はいかがでしょうか？

高瀬　今までは「入力をして、試算表を作成して、いくら」という時代でした。今後はそれがなくなっていくので、何にニーズがあるのかを見極めて、お客様に寄り添った関係をつくり、コンサルティングにも力を入れて、違うサービスをつくっていかなくてはなりません。

⑤これから独立する人、もしくは開業間もない人たちへのメッセージ

金山　最後に、これから独立される方へのメッセージをお願いいたします。

高瀬　思ったことをどんどんやった方がいいと思います。ただし、あまりやり過ぎて、

手を広げ過ぎるのも良くないので、何かに絞った方がいいでしょう。
金山　営業手法であれば、ＨＰに絞るといったことでしょうか？
高瀬　税理士であれば、クラウド会計が出てきているので、「クラウド会計しかやらない」と絞ったり、相続であれば相続に絞る。**「何かに絞る」**というのがキーワードだと思います。
金山　税理士の方は、税務申告もあるので、他の士業に比べると安定経営の確率が高いのではないかと思いますが、いかがでしょうか？
高瀬　確かに、今までは申告があることで仕事として成り立っていました。しかしこれから、金融と会計が繋がり、国税庁と繋がれば、税理士を通さなくても申告できるようになる時代に入ってきます。今までの税理士のアドバンテージがなくなってくるだろうと思います。今までのアドバンテージを生かすとともに、**コンサルティング能力**を高める必要があります。若い人たちはそこを考えるべきです。
金山　本日は、貴重なご意見ありがとうございました。大変参考になりました。

インタビュー4　行政書士・藤井達弘先生（行政書士法人甲子園法務総合事務所）

①何を強みにしているか？

金山　本日は、よろしくお願いいたします。早速ですが、先生の事務所では何を強みにしていますか？

藤井　当初、ＮＰＯ法人設立を強みにしていました。開業した15、16年前、法律が改正されて、ＮＰＯ法人がつくりやすくなり、数も多く増えていました。

インターネットで集客し、日本全国から問い合わせが来るようになりました。大企業からも依頼がありました。

金山　誰もやっていないところを先駆的に取り組まれたのですね。大企業からも依頼があったのはすごいですね。

藤井　大企業からの取り引きは、現在も続いています。芸能人やスポーツ選手からの依頼もあります。当初誰もやっていないこと、かつ需要がありそうなことに取り組んだのが功を奏しました。

金山　当初、ＮＰＯ法人設立に集中していましたが、その後の戦略はどうでしょうか?

藤井　ＮＰＯ法人設立は、会社設立にも詳しくないと比較提案できません。ですから、他法人設立（株式会社、合同会社、公益法人）にも幅広く対応しています。

ですが、設立業務だけでは、単価はどんどん下がっているし、また、個人でも簡単にできるため、この業務だけでは難しくなっています。会社設立をした関与先からの付随業務（記帳代行など）の依頼もあります。

②売上を伸ばす、顧客を増やすポイント

金山　次に顧客を増やすポイントを教えてください。

藤井　それは、お客様を満足させることです。

金山　ストレートですね（笑）。では、具体的にどうすれば良いのでしょうか？

藤井　お客様が**「望んでいること」**が何なのかを見極めます。その上で、**「早くて」「正確で」「望んでいるもの以上の成果物を出す」**ということです。

会社やNPO法人設立の依頼であっても、登記簿謄本（登記申請は提携司法書士に依頼）や定款といった成果品を渡して終了ではなく、今後必要な手続きの案内や法人運営・経営に必要な情報、法人を設立された地域での各種役所の地図など、関連する資料を30ポケットくらいのファイルに入れて提供します。

金山　なるほど。それはお客様に喜ばれますね。

藤井　業務を数年以上続けている事務所は、当然このようなことは行っていると思います。お客様に喜んでもらうということができていないと、2、3年で廃業するでしょう。満足してくれると、5年後、10年後に連絡をくれる人もいます。

金山　そんな後に連絡をくれるのですね！

藤井　くれます。過去の依頼者から2カ月に1回くらいは手続きの依頼が来ます。また、12年前に会社設立をした方が、知り合いの会社設立を紹介してくれるということもありました。

金山　**小さな積み重ね**が可能性を広げているのですね。

③士業としての心構え

金山　次に士業としての心構えについてお願いします。

藤井　先ほども申し上げた通り、「お客様を満足させること」に尽きます。電話でご相談を5分間対応したとして、そこで相談者の方の悩みが解決して、満足したのであれば、その場では依頼に繋がらなかったとしても、10年後連絡をくれることもあります。どこでどう繋がるかわからないですからね。

金山　おっしゃる通り、そうですよね。

藤井　5、6年前に電話をされて、私はもちろん覚えていないのですが、相手方が「質問してちゃんと答えてくれた事務所がここだった」ということで依頼をしてくれました。人を雇用して、時間的ゆとりがある中で、突発的な電話のご相談にも丁寧に答えることができているところも、他と差別化ができているのでしょう。

「プロとしては当然知っていることを簡単に教える」ことも重要です。

④これからの士業（ご自身の業界）の展望

金山 行政書士の業界の展望についてお聞かせください。

藤井 行政書士もそうですが、どの士業も、単純な書類作成の仕事だけでは、今後仕事は取れません。

金山 行政書士の業界は厳しいと言われていますが、これからどうなるのでしょうか？

藤井 行政書士の仕事は余るほどたくさんあります。それを取り込むには、**アピールの仕方**であったり、**提案の仕方**が重要です。

あとは、お客様に満足してもらうためには、**働いてくれる人材の確保**がとても重要です。

⑤これから独立する人、もしくは開業間もない人たちへのメッセージ

金山 最後に、これから独立する人や開業間もない方々へのメッセージをお願いします。

藤井 まずは、これから独立する人へのメッセージです。自分は、元々土地家屋調査士事務所の測量士として勤務していました。いきなりの開業はお勧めしません。一

番理想的なのは、自分が開業したいと思う資格の事務所で働くことですが、少なくとも法律系の**事務所で働き、雰囲気を感じた方が良い**と思います。資格を持っているからといって、黙っていてもお客様は来ません。実は、私は話すのが苦手ですが、お客様に来ていただくには、話さざるを得ないのです。

いかに自分に会いたい人に来てもらうか？　自分の場合は、たまたまインターネットがマッチしていました。

金山　私も元々人と接するのが苦手でしたが、この仕事で好きになりました（笑）。

藤井　経験を積ませていただいた事務所で、適性を見極めて、合わないと思ったら開業をやめることも必要です。

次に、開業間もない人へのメッセージです。開業したら、やるしかない！　自分は29歳6カ月の時に開業しました。30歳までの6カ月で依頼がなかったら廃業しようと考えていました。ですので、**死に物狂いで寝る間も惜しんで働きました**。結果、一番初めの依頼でNPO法人の仕事を受注することができました。

金山　大変参考になりました。貴重なご意見、ありがとうございました。

インタビュー5　公認会計士・丸森一寛先生（丸森会計事務所）

①何を強みにしているか？

金山　本日は、よろしくお願いいたします。貴事務所では、何を強みにしていますか？

丸森　マイケル・ポーターの経営戦略においては、差別化・価格・集中化と3つの路線がありますが、当事務所においては価格では勝負していません。**差別化**に特化し、特にブティック型の運営を心掛け、ターゲットの顧客ニーズに幅広く対応することを強みとしています。

金山　差別化とは何でしょうか？

丸森　税金計算・決算業務はどこの事務所でもできます。具体的には、会社を成長させたい・企業価値を上げたいという顧客のアドバイス・サポートを徹底して行うことで差別化を図っています。

金山　アドバイスやサポートとは具体的にはどういったことでしょうか？

丸森　例えば、投資の意思決定サポートであったり、新規事業のアドバイスであったり、組織構築のアドバイスなどが該当します。会計財務は当然のこととして、**マーケティングや組織戦略**などの経営側面もアドバイスして、企業価値を上げる手助けをしています。税務処理は、どこの事務所でも対応可能なため、顧客ニーズをくみ取るようにしています。

職員は、会計・税務業務が主体ですが、業務レベルは高く、20年以上前からグループウェアの導入も始めています。事業が10年続いたのは、このような取り組みが顧客に支持していただけたからだと思っています。

②売上を伸ばす、顧客を増やすポイント

金山　次に、売上を伸ばす、顧客を増やすポイントについてお聞きします。

丸森　当然ですが、売上は、単価×顧客数です。まず、顧客を増やすのは**「口コミ」**であると思っています。既存顧客や友人などを介して「口コミ」が広がります。**信用している人の紹介**は信用します。ＨＰの顧客も過去数件ありましたが、長続きせず継続して残りません。

金山　やはりそうですよね。当事務所も全てではありませんが、同様です。

丸森　たまたまかもしれませんが、仮説として、ＨＰを経由する人は、常にもっといいところがないか、安いところがないか、探し続けていると考えています。

金山　単価については、いかがでしょうか。

丸森　単価を上げるのは無理には行ってきていませんでしたが、困っているときに手助けをして、ニーズをくみ取った上で、追加の業務が発生するようであれば単価を上げています（単価を動かします）。

③士業としての心構え

金山　続きまして士業としての心構えについてお聞かせください。

丸森　士業はプロです。プロとは、素人にとって難しいことを簡単にやれる人、であり、

スピードと質が求められます。法律改正やＩＴ技術の進歩に対応しつつ、そのスピードと質を維持するためには、たゆまぬ努力と研鑽が欠かせません。

お客様のニーズに応えるのがサービス業です。こちらがいいと思っていても、お客様がいいと思っていなければお金はもらえません。供給サイドの視点ではダメです。

金山 それは、当然のことですよね。受け手側がどう思うかが一番重要ですね。

丸森 上から目線では当然やっていけないでしょう。一緒に悩んで考えることが信頼に繋がります。

④これからの士業（ご自身の業界）の展望

金山 会計士は、監査やＤＤ（デューデリジェンス：買収監査）、ＩＰＯ支援などの業務と税務処理の事務所の２つの視点がありますが、それぞれの展望について教えてください。

丸森 まず監査ですが、個人はおろか、小規模の事務所は対応が難しくなるでしょう。監査の質の点から、以前とは比較にならないくらい、事務所の管理体制が問われています。

金山　今現在でも、小規模で監査を行っているところはあるのですか？

丸森　一応はあるけれど、合併などで集約されています。たとえ数十人規模の事務所でも今後は、難しくなります。

ＤＤやＩＰＯ支援などは、個人でもスポットで対応が可能です。その場合は、大手が手を出さない分野に特化するのがいいでしょう。

金山　続きまして、税務の分野ではいかがでしょうか？

丸森　税務については、今後20年のうちに、団塊の世代が完全に引退し、業界のプレーヤーが代わります。競争は激しいけれど、どう変化するのか興味はあります。ＡＩの進展に伴い、単純作業はなくなり、**ＡＩのシステムや効率化についての提案**が求められてくるでしょう。これも事務所の差別化の一つになるでしょう。逆にこの波に乗り切れないと淘汰されていきます。

⑤これから独立する人、もしくは開業間もない人たちへのメッセージ

丸森　経営戦略の観点から言うと、後発で開業する人たちは、先行事務所と同じ戦略では勝負になりません。

いい意味で業界の常識を覆す、独自性を出すことが生き残る道でしょう。通常の会計事務所が当たり前にやっていることが「本当に必要なのか？」という視点が一つの切り口です。

金山 鋭い切り口ですね。それは業界団体に反旗を翻すということではないのですか？

丸森 反旗を翻すということではなくて、逆の視点で、他の事務所が「やらない」と言っていることが「本当に必要のないものなのか？」という疑問を持つ必要があります。

あとは、〝自分を磨くこと〟です。それは人としての魅力を高めることであり、それにによりお客様から信頼され、継続的かつ強固な関係に繋がっていきます。

金山 大変参考になりました。本日は、お忙しい中ありがとうございました。

インタビュー6

社会保険労務士・阿《あ》世《せ》賀《が》陽一先生

（社会保険労務士阿世賀事務所）

①何を強みにしているか？

金山　本日は、お忙しい中ありがとうございます。貴事務所では、何を強みにしていますか？

阿世賀　会社に勤めているときに、企業内労働組合の中央執行委員になり、そこで労務管理の面白さについて知りました。また人事賃金について改めてその重要さを認識しました。40歳で開業して以来、人事賃金と労務管理の2つを強みにしてきました。

金山　具体的にはどういった内容でしょうか？

阿世賀　人事賃金については、日本生産性本部の賃金管理士養成講座を受講し、自らの強みにしてきました。**賃金管理**は社会保険労務士業務の中で3号業務（相談指導業務）にあたり、差別化になっています。顧問先が必要性を感じたときにコンサルティングを行います。人事考課の立ち合いも行っています。

金山　もう一つの柱の労務管理はいかがでしょうか？

阿世賀　平成13年に労働判例の勉強会を仲間と始めました。平成18年の特定社会保険労務士制度に先駆けて行っております。その知識も踏まえて、**中小企業の人事部として労務管理**のアドバイスを行います。この分野は、**職員もよく勉強**しています。最近は社員の問題（ハラスメントや退職、メンタルヘルス）で悩む事業主が多いと言えます。

金山　10年続いた要因は何でしょうか？

阿世賀　開業2年目で勤務社会保険労務士を雇用しました。そこまで十分なゆとりはなかったのですが、自ら勉強して、1、2号業務のみならず3号業務まで幅広く対応するためです。

金山　先見性があり、そのようにされたのが功を奏したのですね。

阿世賀　事務所によっては、分業して1人の職員が離職票を延々と作成しているという例も聞きます。当事務所の**職員には体系的に業務を経験**してもらいたい。その取り組みがお客様に評価されて顧客が増えて安定してきたのではないかと思います。また、社会保険労務士会の活動や研究会での仲間の支えがあって、事務所継続の励みになってきました。ぜひ、お勧めしたいですね。

②売上を伸ばす、顧客を増やすポイント

金山　次に、売上はどのように伸ばしていったのでしょうか？

阿世賀　開業当初から飛び込み営業などは行っていません。第一の顧客だけではなく、**支援してくれる顧客**を大事にしてきました。開業当初は、生命保険や損害保険の担当者からの紹介が多かったです。弁護士からの紹介もあります。

金山　営業活動はあまりせずに紹介で顧客を増やされてきたのですね。

阿世賀　はい。あとは、商工会議所などのセミナーでの集客も過去にありました。セミナーの翌日、「顧問をお願いします」と電話がかかってきたことも多くありました。

金山　それはすごいですね。何か引き込む秘訣があるのでしょうね。

阿世賀　**事例を交えてお客様目線で話をする**ことが一番重要だと思っています。一番熱心に聞いてくれる人に集中して話します。そのうちに寝ている人も起き出します。

あと開業当初、お客様からキャリアを聞かれたときはこう答えていました。「キャリアとは、つまるところレアケースや困難なケースの経験の積み重ねと考えられます。私は開業歴1年ですが、毎月レアケースのノウハウ交換をする勉強会の仲間が5人います。だからキャリアは5年です」と。

金山　開業歴がなくても、そのように切り返す方法があるのですね！　新規のお客様も不安なしに依頼できますね。

③士業としての心構え

金山　士業としての心構えについてお願いします。

阿世賀　開業直前、ある方から「先週、会社を退職しました。社労士として開業します」と相談したところ、「誰もが必要なこととわかっているけど面倒で難しいのでなかなかできない、というようなことを進んでやりなさい」とアドバイスをいただきました。「何事につけて、**人にしてもらいたいと思うことを、人にもしてあげなさい**」

という教訓は、西洋では黄金律と言われています。

これをきっちり実行していくことができれば、商売はうまくいくと思っています。全ての士業に共通して言えることです。相手の身になって、喜んでやるというところがポイントです。

④これからの士業（ご自身の業界）の展望

金山　これからの社会保険労務士の展望についてお聞かせください。

阿世賀　現在話題になっているＡＩが進展しても、人に関することは最後まで難問です。人に働いてもらうということは難しい問題が多くあります。特に人事考課などはＡＩでは対応できないでしょう。

また、国内でも世界的にも人事・労務管理は変化していくと思いますが、原点を守っていきたいと思っています。

金山　原点とは何でしょうか?

阿世賀　「社会保険労務士」の中の「労務」について、労働基準法など労働者保護法規の出発点となったヴェルサイユ条約（1919年調印）は、世界平和を目指しています。

また「社会保険」については、自己責任による「自助」や税金が基になる「公助」とは別に、人々が支え合う「共助」の考え方を社会に拡大したもので、「共生社会」の重要な要素です。それを支える社会保険労務士の役割は今後さらに増えていくでしょう。

⑤これから独立する人、もしくは開業間もない人たちへのメッセージ

阿世賀　新人の方に伝えたいことは、「人間の価値は可能性にあります」「どんな大先生でも最初は新人です」ということです。

勉強（input）したことが、業務と工夫（プロセス）を通じて成果（output）に繋がります。職業活動自体が社会奉仕になる素晴らしい職業です。

金山　職業活動が社会奉仕に繋がるのは、私も大いに賛同するところです。本日は誠にありがとうございました。

◎コラム◎

真心こもった礼儀と謙虚さが仕事を引き寄せるとある司法書士（開業10年未満）の話

私がまだ開業したての頃、若手の士業者の集まりがありました。

皆さん、弁護士、会計士、司法書士……さらに、学歴も申し分ない人たちでした。年齢も若く血気盛んで、専門用語を駆使して議論を行っていました。しかし、その中で、独立開業していたのは、私一人でした。

自分のコミュニケーション能力不足もありましたが、なぜか話の輪になかなか入れてもらえず、私に話しかける人はあまりいませんでした。

その中で、唯一私に話しかけてきた年下の司法書士の先生がいました。

「開業するなんてすごいですね」「よく決断されましたね。実際の業務はどんな感じですか？」

腰が低く心を込めて話をされ、礼儀正しい印象でした。その立ち振る舞いは、10

年経った今でも鮮烈に記憶に残っています。

その司法書士の先生が数年後独立されたという話を聞いて、私の自宅の登記関連業務の一切はもちろん、大事なクライアント様を数多くご紹介させていただいたのは言うまでもありません。

本来であれば、もっと多くの士業の方々にインタビューしたかったのですが、時間的な制約などもあり、実行できませんでした。深くおわびいたします。

おわりに

皆さん、本書を最後までお読みいただきましてありがとうございました。

私も、開業士業者の一人です。開業当初は、不安でいっぱい。実は10年経った今でも不安でいっぱいな状態です。そのような状態で、なぜ続けられるのか？　それは、人との交流や楽しさの方が不安よりも勝っているからに他なりません。自分の資格（仕事）に誇りを持ち、やりがいのある仕事だと思って日々奮闘しています。

士業人生は、山あり谷ありで決して平坦な道のりではありません。時には苦しくて苦しくて、たまらないときもあります。しかし、3年、5年、10年と続けていると見えてくるものもたくさんあります。

現在、士業を取り巻く環境の変化は日に日に激しさを増しています。書類作成や記帳代行などの単純作業は淘汰され、より専門性の高いサービスが要求されるとともに、機械ではできないヒューマンスキルが求められます。環境の変化で、10年、20年以上前には成功できていたノウハウでは太刀打ちできない厳しい時代でもあります。より一層の「人対人」の能力が必要不可欠になってきます。

本書では、士業で開業して成功する確率を高めるため、自身の経験をベースにした、王道ともいえるノウハウを執筆させていただきました。

まずは、**「人と会う」「誰に何を提供するのか」**に焦点を絞って行動してみてください。

本書を読んでいただいたあなたに、10年後、20年後、独立して良かった！　開業して人生が開けた！　と思っていただけるのであれば本望です。

私に興味がございましたら、いつでも**お気軽にお声掛け**ください。

最後になりますが、この場をお借りして、インタビューに快く応じていただいた士業の皆さん、いつも支えてくださる顧問先様、東京赤坂ロータリークラブの皆さん、日本大学ビジネス・スクールの仲間、同業の勉強会（ＳＫ９）の皆さんに、心より御礼申し上げます。

また、この本の出版にご協力いただきました、ネクストサービス株式会社代表取締役松尾昭仁様、合同フォレスト株式会社取締役総合事業本部長山中洋二様、澤田啓一郎様に、心から厚く感謝申し上げます。

2018年7月

金山　驍

●著者プロフィール

金山　驍（かなやま・つよし）

社会保険労務士 金山経営労務事務所所長
社会保険労務士
ＭＢＡ（経営学修士）
医療労務コンサルタント

1978 年生まれ、東京都出身。

短大、大学、大学院と、仕事と勉強を両立させ、ＭＢＡ（経営学修士）を取得。社会保険労務士には、26 歳で合格。

社会保険労務士事務所での修業を経て、弱冠 28 歳で事務所を独立開業。１人から数千人規模の会社の労務コンサルティングを手掛ける。

経営の視点から人事や労務問題に切り込める数少ない社会保険労務士。会社の経営効率を踏まえた上でのアドバイスには定評があり、全国的に活躍している。

新聞、雑誌、専門誌、ＴＶ、書籍などのメディア掲載、セミナー講師実績多数。

http://www.office-kanayama.jp

企画協力　ネクストサービス株式会社　代表取締役　松尾　昭仁
組　版　GALLAP
図　版　GALLAP
装　幀　華本　達哉（aozora.tv）

10年継続できる士業事務所の経営術
——安定運営のための48のポイント

2018年8月20日　第1刷発行
2020年1月15日　第2刷発行

著　者　金山　驍
発行者　山中　洋二
発　行　合同フォレスト株式会社
郵便番号 101-0051
東京都千代田区神田神保町 1-44
電話 03（3291）5200　FAX 03（3294）3509
振替 00170-4-324578
ホームページ http://www.godo-forest.co.jp
発　売　合同出版株式会社
郵便番号 101-0051
東京都千代田区神田神保町 1-44
電話 03（3294）3506　FAX 03（3294）3509
印刷・製本　新灯印刷株式会社

ISBN 978-4-7726-6109-6　NDC 336　188×130